けいはんな万博2025記念

新・けいはんな
風土記

小路田泰直 編

敬文舎

新・けいはんな風土記

小路田泰直 編

敬文舎

装丁・デザイン　竹歳 明弘（STUDIO BEAT）
地図作成　蓬生 雄司（16・17、44、152・153ページ）

概論

各論

鼎談

はじめに

小路田 泰直

今年二〇二五年（令和七）、大阪の夢洲《ゆめしま》を中心に大阪・関西万国博覧会（ＥＸＰＯ２０２５）が開かれる。今回の万博が前回一九七〇年（昭和四五）の万博と違うのは、「関西」の二文字が付け加わったように、大阪のみならず関西一円の力で盛り上げていこうとしている点である。そこで、東の筑波研究学園都市と並ぶ学術研究都市、関西文化学術研究都市（けいはんな学研都市）においても「未来社会への貢献～次世代への解～」をテーマに、「けいはんな万博二〇二五」を開催することとなった。

そしてそのために、「けいはんな」の歴史を書くというのが本書の課題である。では、何に焦点を当ててそれを書くのか。やはりそれは、「お茶と平和」だと思う。ウクライナ戦争であれ、ガザ戦争であれ、実際に世界戦争につながりかねない戦争が起きているなかで、万博のテーマのひとつは、やはり世界平和の実現だからである。そしてそれは、「いのち輝く未来社会のデザイン」という今回の万博のテーマとも重なる。

一八九三年（明治二六）――日清戦争のはじまる前年――、アメリカのシカゴで、コロンブスの「新大陸発見」四〇〇年を記念してシカゴ万博が開かれたが、そのときの最大のテーマが、差し迫る世界戦争の危機をいかにすれば回避できるかであった。以後、万博やオリンピックは開かれるたびに、通奏低音のごとく、それをテーマにしてきた。

一方「茶の湯」は、長きにわたるこの国の戦乱にピリオッドを打った、織田信長や豊臣秀吉や徳川家康ら天下人も愛した、対話の技法・平和の技法である。その「茶の湯」（Teaism）を世界に紹介した岡倉天心の『茶の本』の執筆動機も、日露戦争に遭遇した彼がつのらせた、次の苛立ちであった。


西洋人は、日本が平和な文芸にふけっていた間は、野蛮国と見なしていたものである。しかるに満州の戦場に大々的殺戮《さつりく》を行ない始めてから文明国と呼んでいる。近ごろ武士道――わが兵士に喜び勇んで身を捨てさせる死の術――について盛んに論評されてきた。しかし茶道にはほとんど注意がひかれていない。この道はわが生の術を多く説いているものであるが。もしわれわれが文明国たるためには、血なまぐさい戦争の名誉によらなければならないとするならば、むしろいつまでも野蛮国に甘んじよう。われわれはわが芸術および理想に対して、しかるべき尊敬が払われる時期が来るのを喜んで待とう。

（『茶の本』岩波文庫、一九六一年）

日本の文化において「茶の湯」と「平和」は深く結びついている。しかも村田《むらた》珠光《じゅこう》が確立し、武野紹鷗《たけのじょうおう》と千利休が受け継いだ「茶の湯」（侘《わ》び茶）の原点には、酬恩庵一休寺《しゅうおんあんいっきゅうじ》（京田辺市）に居を構え、応仁の乱の最中、平和を祈り続けた一休宗純《いっきゅうそうじゅん》がいた。しかもそれは、偶然ではない。応仁の乱で戦乱の巷《ちまた》と化した京都を避けながら、そこを逃げないための位置どりであった。我われが「けいはんな」の歴史を書こうとするとき、「お茶と平和」に焦点を当てるのには必然性がある。

ところで、けいはんな学研都市を立ち上げるにあたっては、その提唱者、元京都大学総長奥《おく》田東《だあずま》が、一九九三年（平成五）四月に次のように宣言している。

この京阪奈丘陵は、古代日本文化の中心に位置し、かつての都であった飛鳥、難波、奈良、京都に囲まれ、古い歴史と文化にゆかりの深い土地である。この地に今、建設されつつある関西文化学術研究都市は、二一世紀以降におけるわが国の新しい文化首都として、広く世界に開かれた都市を目ざしている。

過去三世紀もの間、世界を主導してきた近代科学技術文明は、人類社会の発展に大きな貢献をしてきたが、その一方で資源の枯渇、地球規模の汚染、南北格差の増大の弊害等のみならず、人間の倫理面にかかわる深刻な諸問題をも生み出し、これらを克服し得ぬまま二一世紀を迎えようとしている。

今や人類は世界の英知を結集し、従来の近代科学技術文明を乗り越えて、全人類の一層の幸福増進に寄与する新しい地球文明を創造しなければならない重要な時期にある。

西欧が生み出した文明の成果と自らに固有の東洋的文化を総合することによって、めざましい社会経済の発展を成し遂げた日本は、科学立国と文化立国を国是として新しい地球文明創出のために積極的な役割をになおうとしている。この目的を果たすために関西文化学術研究都市は誕生した。

（けいはんなプラザ構内に建てられた石碑「関西文化学術研究都市」より）

けいはんな学研都市が、科学技術礼賛の上に生まれた都市ではなく、その未来への深刻な危機意識の上に生まれた都市であることがわかる。

だからけいはんな学研都市は、「古い歴史と文化」を踏まえた新たな価値の創造に重きを置いてきた。それと「近代科学技術文明」の融合をめざしてきた。都市の開設にあたって、まずは門脇禎二監修の『けいはんな風土記』（関西文化学術研究都市推進機構、一九九〇年）を編んだのも、その現れであった。

当然、我われもその志を継ぐ。したがって、本書を『新・けいはんな風土記』と名付けた。

世の中には科学や技術や学問は、専門に分化すればするほど発展すると考えている人がいる。一九九一年（平成三）の大学設置基準の大綱化、すなわち学部設置要件の緩和に伴って、ほとんどの大学で教養部の廃止が進んだのは、その考え方をとる人のほうがじつは多数派であったことを証明している。

しかし、やはりそれは違う。一方で専門分化が進めば進むほど、「全体」を見通す視野の確立もまた、学問には求められるのである。その「全体」を見通す視野の確立のための学問、それが哲学であり、歴史学であり、文学である。一般に人文学と呼ばれている学問である。

だから、前述のような高邁《こうまい》な理想を掲げるまでもなく、けいはんな学研都市が、世界に開かれた学術研究都市として発展していくためには、文・理の融合は不可欠である。本書がそのことへの気づきのきっかけになればとも思う。

さて二〇二五年の現在において、我われが地域の歴史を書こうとするとき、課せられるもうひとつの課題がある。それは、この国が直面している最大の社会問題、少子高齢化問題への対処である。人口減少最先進国日本で万博を開くのであれば、そして社会課題の解決を標榜《ひょうぼう》するのであれば、それへの取り組みは必須である。

昔、今は亡き桂枝雀《かつらしじゃく》が、お金はお金のあるところへ、あるところへと寄ってくる。だからお金を貯めようと思えば、まずお金を貯めなくてはならないといって、笑いをとっていたのを聞いたことがある。なるほど、といったところか。今、東京以外の日本の地域は激しい少子高齢化に悩まされている。商店街はシャッター街と化し、田圃《たんぼ》の多くが休耕田となっている。どうしたものか。誰もが頭を抱えている。

さて、どうしたものか。結局は枝雀の論法、人を集めたかったら、まず人を集めるしかないというのが、答えになるかもしれない。ではどうすれば、まず人を集めることができるのか。

ひとつは、無理にでも地方公務員を増やすという方法がある。コロナ禍のときもそう、能登半島地震のときもそう、地方公務員の不足は、誰の目にも明らかであった。そのためには、公務員の量と質の基準を、平時の公共サービスではなく、非常時への備えに変えなければならない。ただそれには、厳しい財政の壁が立ちはだかる。

ならば、もうひとつの方法、一見迂遠《うえん》に見えるが、地域の歴史や文化を掘り起こし、人びとの愛郷心を引き出すという方法がある。愛郷心などといった言い方をすると、いかにも古いが、奈良・京都・大阪周辺に住む我われにとっては、身近に感じる方法である。奥田東も述べているように、長く日本の中心（都）があった地であり、愛郷心が育まれやすい環境が整っているからである。

となると、「けいはんな」の歴史を書こうとする我われにとって、この愛郷心の引き出しということも、ひとつの課題となる。地域を成り立ちの物語で包むことのできるのは、歴史学だけだからである。

そして、もしそれに成功すれば、東京と並ぶもうひとつの極をこの国につくり出すことができる。日本を一点中心の同心円的な国としてではなく、二点中心の楕円状の国としてイメージする感性を育むことができるのである。それは、大阪が日本第一の商都であった時代、かつて存在した感性である。東京の地下鉄銀座線と大阪の地下鉄御堂筋線の豪華さの違いを見れば、それが思い出される。

そしてその感性が育まれれば、一挙に国中の多極化のエネルギーを引き出すことも可能になるのである。そもそもこの国は、中国が秦・漢帝国以来、封建（地方分権）の理想を忘れたのに対して、江戸時代、六〇余州三〇〇弱の藩が割拠する封建制を実現したことを誇りにしてきた国なのだからである。江戸・大坂も繁栄したが、各藩の城下町も栄えた。儒学が支配する世界で理想とされたのは、秦・漢の郡県制（中央集権制）ではなく、その前の周の封建制であった。

さて本書は、概論として書いた拙稿と、大久保徹也・他がそれぞれ専門とするテーマを掘り下げた個別の論考からなる。概論は概論なりに、個別の論考は個別の論考なりに、独創的な論考を集めたつもりである。したがって月並みの「けいはんな」の歴史ではない。当然それは、「けいはんな万博二〇二五」の記念出版にはふさわしくないと思われる方もいるかもしれない。しかし、「けいはんな」はどこまでも学術研究都市である。何をするにもオリジナリティが問われる。ゆえに、そのようなものとして編集した。

琵
琶
湖
比叡山
新羅善神堂（園城寺）
大津市
瀬田の唐橋
石山寺
滋賀県
飯道神社
大戸川
紫香楽宮跡（宮町遺跡）
新羅大明神（三室戸寺境内）
平等院
花屋敷山本家之墓（山本宣治の墓）
永谷宗円生家
宇治田原町
下狛茶問屋街
（山城茶業之碑）
童仙房（大神宮社）
南山城村
海住山寺
恭仁京跡
笠置町
高麗寺跡
笠置寺
泉橋（泉橋寺）
木津川市
岩船寺
浄瑠璃寺
三重県
東大寺（二月堂）
春日大社
奈良市
奈良県
0
5km

「けいはんな」関連地図

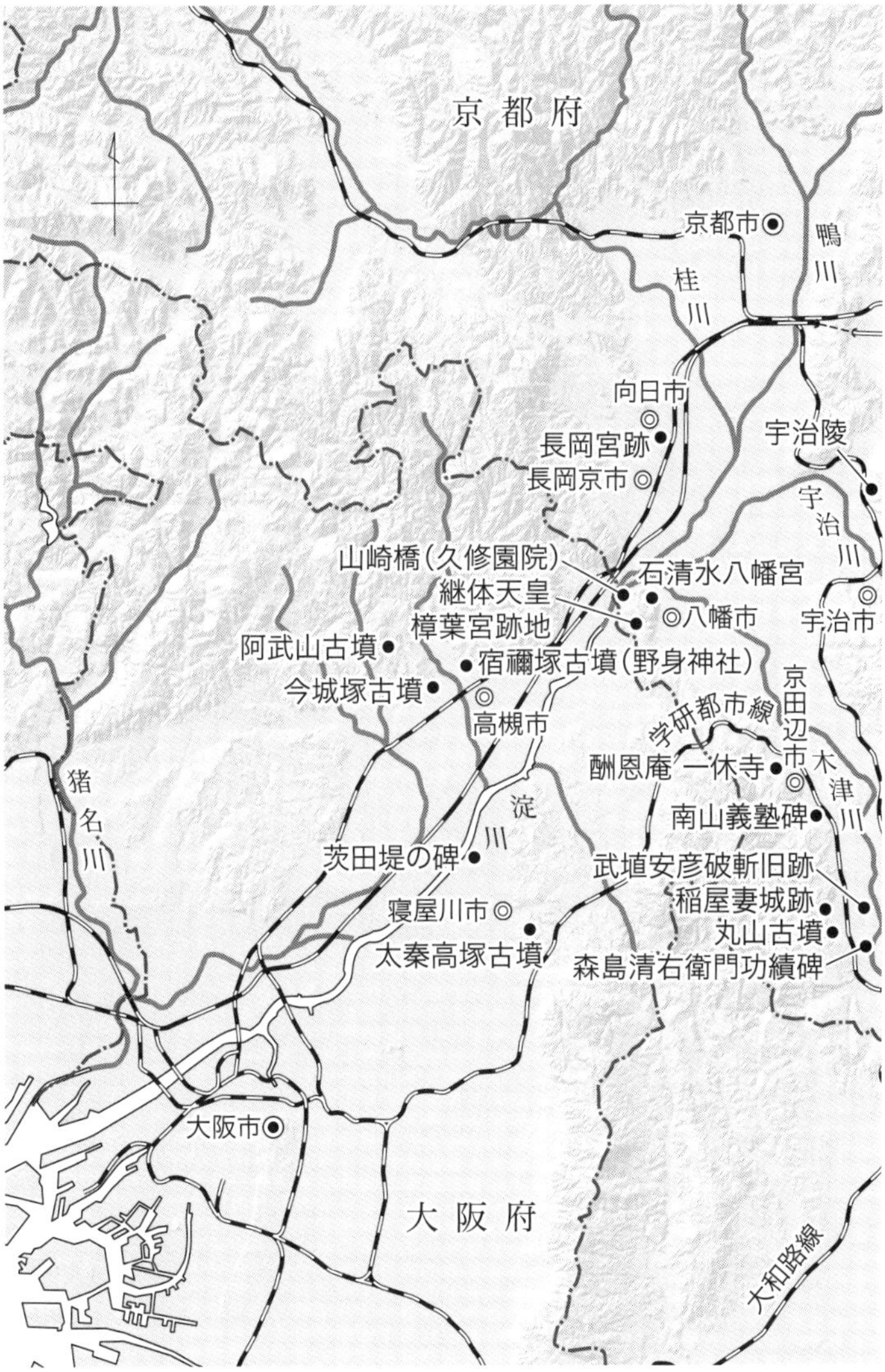
京都府
京都市
鴨川
桂川
向日市
長岡宮跡
長岡京市
宇治陵
宇治川
山崎橋（久修園院）
石清水八幡宮
継体天皇
八幡市
宇治市
樟葉宮跡地
阿武山古墳
宿禰塚古墳（野身神社）
今城塚古墳
高槻市
京田辺市
学研都市線
酬恩庵 一休寺
木津川
南山義塾碑
淀川
猪名川
茨田堤の碑
武埴安彦破斬旧跡
稲屋妻城跡
寝屋川市
丸山古墳
太秦高塚古墳
森島清右衛門功績碑
大阪市
大阪府
大和路線

宇治茶の生産地

概論――「けいはんな」の歴史

小路田 泰直

一、大和王権の誕生

国が生まれる場所

「けいはんな」という地域の特性は、かつて都のあった奈良・京都・難波（大阪）に囲まれた地だということにある。だとすれば、奈良・京都・難波を含む地域を大雑把に「畿内」と呼ぶとすれば、「けいはんな」の歴史は、なぜこの国は、その「畿内」において産声をあげたのか、それを考えるところからはじめなくてはならないということになる。そしてそれは突き詰めれば、なぜこの国は大和において産声をあげたかということを考えることにつながる。

ただ、文献上、それを考えるうえで唯一の手がかりになるのは、神武天皇が日向を発《た》って大和に向かう（東征の）決意をするとき、古老塩土老翁《しほつつのをじ》の、「東《ひむがしのかた》に美《よ》き地有り。青山四周《あをやまよもにめぐ》れり。其の中に亦、天磐船《あまのいはふね》に乗りて飛び降《くだ》る者有り」とのアドバイスを得て述べたとされる次の言葉である。

余謂《われおも》ふに、彼《そ》の地は、必ず以て大業《あまつひつぎ》を恢弘《ひらきの》べて、天下に光宅《みちを》るに足りぬべし。蓋し六合《くに》の中心《もなか》か。厥《そ》の飛び降るといふ者は、是饒速日《にぎはやひ》と謂ふか。何ぞ就《ゆ》きて都つくらざらむ。

（『日本書紀』神武天皇即位前紀）

ゴホウラ製貝輪の製作段階　左端がゴホウラ貝で、右端が貝輪の完成品。沖縄県大久保原遺跡

要は、大和が「六合」（東・西・南・北・天・地）の「中心」だから、列島交通の中心だからというのがその理由であった。

たしかに現在の交通体系を考えると、不思議な感じがする。奈良県とりわけその南部は、交通不便の地、日本有数の過疎地域だからである。一時は、日本で最初に消滅する村は奈良県吉野郡野《の》迫《せ》川《がわ》村だといった噂がまことしやかに語られたこともあったぐらいだ。しかし人が移動する手段が、徒歩と舟運に限られていたことを考えれば、たしかに大和は列島交通の集まるところであった。

弥生時代から古墳時代にかけて、この国でもっとも珍重された宝物とは何だったのか、ご存じだろうか。貝輪である。それもゴホウラ貝という、琉球諸島でしかとれない貝を原材料につくられた貝輪である。古墳時代に入ると、原材料となるゴホウラ貝が枯渇したのか、石でその模造品がつくられるようになった。それが古墳などから大量に出てくる石釧《いしくしろ》である。

　ということは、弥生時代には、黒潮に沿って人と物とが移動する交易路、黒潮の道がすでに生まれていたことになる。列島社会を貫く動脈といえば、まずは列島の南岸をかすめて流れる黒潮の道であり、その分流として日本海側を流れる対馬海流の道であった。ただし周知のとおり、黒潮の道は、いたって流れの早い危険な道であった。できれば迂回したい道でもあった。したがってもうひとつ列島を東西に貫く道が生まれた。

　豊後水道から瀬戸内海に入り、紀ノ川・吉野川と櫛田川を経て紀伊半島を伊勢に抜け、そこで黒潮の道に合流し、伊豆半島・房総半島（江戸〜銚子）はふたたび内陸通過する道である。日本の主要な神社は、この道沿いに多い。宇佐八幡宮（大分県）・日前《ひのくま》神宮（和歌山県）・国懸《くにかかす》神宮（和歌山県）・伊勢神宮（三重県）・三島大社（静岡県）・香取神宮（千葉県）・鹿島神宮（茨城県）などである。

　だとすれば、その迂回路がちょうど南北の中間を走ることになるから、その迂回路沿いで、対馬海流の道にアクセスしやすいところがあれば、そこが「六合の中心」ということになる。その場合、迂回路はもともと黒潮の道の迂回路なので、黒潮の道へのアクセスのしやすさは考慮に入れなくてもいい。

「六合の中心」を求めて

ではそれはどこか。ひとつの候補地は加古川河口付近である。そしてもうひとつの候補地は、天然の交通路琵琶湖にアクセスしやすいところである。加古川河口は、加古川を遡上し、由良《ゆら》川に出れば、わずか海抜九五メートルしかない本州一低い分水嶺を越えて、対馬海流の道に出ることができる。出口は天橋立のある宮津で、そこには大きな港を示す「大江」という地名が残る。酒呑童子《しゅてんどうじ》が棲《す》んでいたことでも有名だ。

では、その両候補地を合わせ考えると、「六合の中心」はどこになるのか。純粋に地理のことだけを考えれば淡路島という答えもあるかもしれないが、国家をつくるのであるから一定の平野が必要になる。といって大河川の流域は、洪水の恐れがあるので容易には使えない。それらのことを合わせ考えると、それは、紀ノ川・吉野川と低い峠（風《かぜ》の杜《もり》峠）で隔てられた盆地、そして北上すれば容易に琵琶湖周辺に出ることのできる、大和盆地南部ということになるのである。

かくて、列島社会において「六合の中心」といえば、それは大和盆地南部のことを指すことになったのである。今でも奈良の人は奈良盆地のことを「くんなか」と呼ぶ。ゆえに「六合の中心」を以て王城の地と定めたこの国の王権は、大和を「国のまほろば」としたのである。

二、古代の反乱・仮説――邪馬台国と環日本海世界

邪馬台国論争にことよせて

この国で少しでも歴史に関心のある人なら、誰でも知っている論争がある。『魏志倭人伝』に書かれている邪馬台国が、はたして九州にあったのか、畿内＝大和にあったのかをめぐる論争、すなわち邪馬台国論争である。

『魏志倭人伝』には、九州の北の不弥国《ふみのくに》から南に水行二〇日行ったところに投馬国《つまのくに》という国があり、さらにその投馬国から南に水行一〇日・陸行一月行ったところに邪馬台国があると書かれている。

この邪馬台国がどこにあったのか、長年にわたり論争されてきた。とりわけ一九一〇年（明治四三）に東京帝国大学の白鳥庫吉《しらとりくらきち》が九州説を唱え、京都帝国大学の内藤湖南《ないとうこなん》が畿内説を唱えて以来、論争は加熱し、広く知られるようになった。東京と九州の人は九州説に肩入れし、近畿地方の人は畿内説に肩入れするといった、多少お国自慢的要素も加味しながら、論争は続け

られてきた。

では、発端は何か。『魏志倭人伝』の記事の「南」を「東」に読み替えるのはいいとして、北九州から水行二〇＋一〇日行けば、当然大阪湾付近にたどり着くと、誰しも思う。そこから大和まで陸行一月はかかり過ぎだというのが論争の発端となった。ふつうに考えれば、邪馬台国＝大和国になるはずが、そうはならない。摩訶不思議《まかふしぎ》だ。『魏志倭人伝』の記事には何か秘密や暗号めいたものが隠されているのではないかと、多くの人が思ってしまったことが論争の発端となった。

しかし、それを摩訶不思議と思ったのは、じつは現代人らしい錯覚に過ぎなかった。太平洋側（表日本）は発展しており、日本海側（裏日本）は遅れているという先入観があるから、北九州から「南」＝「東」へ行くのであれば、瀬戸内海を行くに決まっていると思い込んでしまったところに落とし穴があった。

瀬戸内海を行けば陸行一月が余るというのであれば、日本海側を行ったと考えてみればいいだけの話である。それでも大和に行かないのであれば、そこで初めて摩訶不思議を考えればいい。それができなかったのである。思い込みというのは恐ろしいものである。日本海を行こうと、瀬戸内海を行こうと、行く方向は同じなのに、である。

そして日本海側を行ったとすれば、投馬国は出雲国、再度の上陸地点は丹後半島か若狭湾のどこかということになるから、そこから大和まで陸行一月かかっても、なんの不思議もない。書かれているとおりに行けば、大和に行き着く。論争の根底にあった摩訶不思議は消え、論争の必要もなくなるのである。なお付け加えておくと、投馬国は、日本海に浮かぶ隠岐島の隠地《おち》郡都万《つま》の可能性もあるのではないかとは、私の推量である。

しかし、そのことには、長く、ひとりの例外を除いて誰も気づかなかった。そのひとりの例外とは、大正から昭和にかけて活躍した、徳島県出身の考古学者笠井新也であった。ちなみに、卑弥呼を倭迹迹日百襲姫《やまとととひももそひめ》（崇神《すじん》朝に活躍した孝霊《こうれい》天皇の皇女であり、死後は箸墓《はしはか》に埋葬された女性）に比定したのも彼であった。

笠井は中学校教員であり、論争でヒートアップしていた白鳥と内藤は、帝国大学教授であった。二人に比して華やかさに欠けたのが、災いしたのかもしれない。しかし最近になって、ようやく笠井説にも日が当たるようになってきた。日本の古代史を考えるうえで、環日本海世界の存在の大切さに、多くの人が気づきはじめたからである。日本地図は北から眺めるべしとは、網野善彦のみならず、多くの人が指摘するところとなりつつある。

環日本海世界の実在

そして考えてみると、それは当たり前なのである。たしかに古代日本の形成において、環日本海世界の影響は絶大であった。そもそも建国神話の半ばが、出雲神話という呼び名もあるように、日本海側（出雲・因幡・越《こし》）を舞台に展開されている。

地上に降臨した天孫（天照大神《あまてらすおおみかみ》の孫）ニニギノミコトの子で、のちの天皇家の直接の始祖となったヒコホホデミノミコト（山幸彦《やまさちひこ》）を祀る若狭《わかさ》彦《ひこ》神社も、読んで字の如く若狭国（一宮）にある。その妻豊玉《とよたま》姫を祀る若狭姫神社も同様だ。そしてその若狭彦・姫神社の近くに建つ神宮寺からのお水送りを受けて、約一三〇〇年にわたり続けられてきたのが、東大寺二月堂の修《しゅ》二《に》会《え》（お水取り）なのである。

また、崇《す》神《じん》天皇が全国平定のために派遣した四《し》道《どう》将軍のひとり道主《みちぬし》王の派遣先は丹波（のちの丹後、なおわかりやすいように同地域を以後「丹後」と表記する）であった。国家のもつ力の四分の一が、丹後一国の平定にあてられているのである。伊勢神宮外宮の豊受大神《とようけのおおかみ》も、元をただせば丹後からやってきた神であった。だから天橋立の付け根のところに建つ丹後国一宮籠《この》神社は元伊勢神社ともいう。

あるいは崇神・垂仁《すいにん》朝のころ、新羅の王子が突然二人もやってきて、列島内に拠点を設けるといったことも起きた。ひとりは崇神朝の末期、越の国の気《け》比《ひ》の海岸にやってきた都怒我阿羅《つぬがあら》斯《し》等《と》、もうひとりは垂仁朝の初め但馬にやってきて諸国を経《へ》巡《めぐ》った（河内→宇治→近江→若狭→但馬）末に、但馬国の出石《いずし》（兵庫県出石町）に落ち着いたアメノヒボコ（天日槍・天之日矛）

とである。もしかしたら二人は同一人物かもしれないが、『日本書紀』では一応別人となっている。

これらのことに気づくとき、笠井説への関心が高まるのは当然であった。

しかしそうなると、気になることが一つある。それは、六世紀初め、継体天皇のころ、新羅の力が列島内に浸透し、筑紫の国造磐井が反乱を起こすきっかけとなったという事件である。環日本海世界の存在が、大和王権による列島の統一を妨げた事例だが、そうしたことは磐井の乱一回限りのことだったのかどうかである。当然、同様の出来事は何度もあったのではないかと考えられる。国境も定かでなかった時代のことである。

ならば考えておくべきは、新羅など外からの勢力が浸透しやすかったのは筑紫（九州）だけではなかったということである。われわれのいう「けいはんな」もまた、その浸透を受けやすい地域であった。大和王権の本拠地に隣接すると同時に、環日本海世界にもじつは隣接しているからである。若狭湾（小浜・敦賀）から四〇キロメートルほど山中を進めば琵琶湖北岸に出る。そこから「けいはんな」までは、琵琶湖と淀川水系をたどれば、ほぼ障害なき一本道だからであった。アメノヒボコの移動の跡を見てもわかる。

そしてそれが証拠に、「けいはんな」およびその周辺には渡来人が多い。いつごろの渡来かは判然としないが、上狛《かみこま》・下狛《しもこま》という地名に名を残す狛（高麗《こま》）氏や、京都盆地北部に圧倒的な力をもった弓月君《ゆづき》を祖とする秦氏、さらには桓武天皇の母高野新笠《たかののにいがさ》の父母の出身氏族であった和氏《やまと》や土師氏《はじ》などがいた。

また、隼人を渡来人に数えるのには異論があるかもしれないが、京都の西山から京田辺市にかけての地域には隼人が多数いた。隼人の姓である「アタ」の名をとどめる地名（愛宕《あたご》や化野《あだしの》）や、隼人の出身地である大隈の名をとどめる地名（大住）が、そのことを示唆している。保立道久の説に従えば、南方系の植物である竹が多いのもそのせいだという。京田辺市大住にある月読《つきよみ》神社は、隼人舞発祥の地として知られる。

武埴安彦と狭穂姫の反乱

そして、そうなると考えてみたくなるのは、崇神朝と垂仁朝に起きた二つの反乱に、環日本海世界の影響はなかったのか、ということである。

ひとつは崇神天皇のときに起きた武埴安彦《たけはにやすひこ》の乱である。山背《やましろ》（山城）・河内・大和を戦場に戦われた、古代日本最大の反乱とされるものであり、樟葉《くずは》や祝園《ほうその》といった地名に今なおその名残をとどめている。反乱軍兵士らが、そこで恐怖のあまり脱糞《だつぷん》したことから樟葉（クソハ）の名が生まれ、その兵士たちの大虐殺が行われたことから祝園（ホフリゾノ）の名が生まれとされる。

武埴安彦破斬首旧跡　武埴安彦が斬首されたと伝えられている場所。

　武埴安彦が斬首されたとされるところの近くには、のちに称徳天皇が武埴安彦の霊を慰めるべく建てたとされる祝園神社があり、永く「いごもり祭」と呼ばれる奇祭を伝えている。この乱の後世への影響の大きさがわかる。

　そしてもうひとつは、垂仁天皇のときに起きた狭穂彦《さほひこ》・狭穂姫の乱である。夫垂仁と兄狭穂彦の板挟みになり、苦悩のあげく垂仁暗殺を企てた皇后狭穂姫が、暗殺に失敗するや兄とともに稲城《いなぎ》に立てこもり、燃え盛る炎に身を投じて壮絶な死を遂げるという、衝撃的な事件であった。

　はたしてこれらの反乱の背景に環日本海世界の影響はなかったのかというのが、私の問いである。その場合、環日本海世界の主役は、新羅である場合もあれば、出雲や越である場合もあっただろう。

　そしてそう思わせられる要素はいくつかある。ひとつは、「けいはんな」の北の入り口宇治に、新羅《しんら》神社と名のつく神社が二つもあることである。厳島神社の境内と三室戸寺《みむろとじ》の境内に一つずつである。三井寺《みいでら》（園城寺《おんじょうじ》）の境内にもある。さらには、しばしば指摘されることだが、近江国高島郡にある白髭《しらひげ》神社もまた新羅神社と同義だとすれば、近江・「けいはんな」への新羅勢力の浸透の度の深さがわかる。

また、死に臨んで狭穂姫は、垂仁に、愛子誉津別《ほむつわけ》の養育を頼むとともに、丹後の覇者道主王の日葉酢媛《ひばすひめ》ほか五人の娘を後妻に迎えるよう遺言するが、それは彼女らの反乱が、じつは環日本海世界支配の要、丹後をどう治めるかということに深く関わっていたことを示唆していた。垂仁と兄をともに深く愛した狭穂姫は、みずからの悲劇を二度と繰り返させないためには、丹後の覇者道主王を味方につけることの必要性を痛感していたのではないだろうか。五人という娘の数は、そのなかに竹野媛《たかの》という女性が含まれていることからもわかるように、丹後を形成する五郡を象徴し

新羅大明神　宇治の三室戸寺の参道に建つ新羅神社。宇治にはこれ以外にも厳島神社境内に建つ新羅神社がある。いずれも宇治川水運のかつての要衝に建っている。

ていた。

二つの反乱が起きた時代（崇神・垂仁・景行朝）、大和王権による国家統一はいまだ磐石ではなかった。だから大和王権の側も、全国に四道将軍を派遣したり、ヤマトタケルノミコトを西（熊襲《くまそ》）へ、出雲へ、東（東国）へと派遣したりして、武力による国家統一に全力をあげていた。ならばその時期に起きた反乱に、大和王権と緊張関係にあった環日本海世界のいずれかの勢力の関与があったとしても、それはおかしくない。むしろあったほうが自然なのである。

逆に、『日本書紀』には、高天原を追放されたスサノヲノミコトが最初に降り立ったのは、出雲ではなく新羅の蘇戸茂梨《そしもり》というところであったとの説話があり、大和王権も何度も新羅出兵を繰り返していたことも忘れてはならない。

そして、環日本海世界の関与がもしあったとすれば、二つの反乱は『古事記』や『日本書紀』に記されている以上に深刻な反乱であったことになる。「けいはんな」は、大和王権による国統一の成否のかかった、まさに天下分け目の戦場であったことになるのである。

三、治水の時代

淀川と木津川治水

堯《ぎょう》は天文を司り、暦を定めた。舜《しゅん》は親に孝を尽くし、道徳をつくった。禹《う》は堤防を築き、洪水を防いだ。これが中国古代の三聖人、堯・舜・禹の治績である。中国においての国づくりはこの順番で行われ、禹が洪水を防いだところで、最初の王朝夏《か》が生まれた。

道徳が行き渡り、干戈《かんか》を交えることなく、人が争いごとを解決できるようになると、人は力を合わせて堤防を築き、治水に取り組むようになる。灌漑《かんがい》設備が整えられ、高い生産力が保障され、それが国家誕生の礎になったといったところか。

日本においても崇《す》神《じん》・垂仁《すいにん》・景行《けいこう》の三代の時代は、頻発する反乱と、なんとかそれを鎮圧しようとする王権との激しい対立の時代であった。だからヤマトタケルノミコトのようなヒーローも現れた。また、狭穂《さほ》姫のような悲劇のヒロインも生まれた。

しかし神功《じんぐう》皇后が、熊襲《くまそ》との対立を、新羅という外なる敵をつくることで解消したとき、ようやくその対立の時代も終わりに近づき、その後を継いだ応神《おうじん》天皇のころ、大開墾時代のはじまりが告げられたのではないだろうか。古墳（前方後円墳）の巨大化は、それを物語っている。『播磨国風土記《はりまのくにふどき》』なども播磨各地の開発を応神天皇（ホムタワケ）と結びつけていた。

そしてそのころ以降、「けいはんな」の開発も本格化したものと思われる。当然、その中心は木津川・淀川水系の治水だった。応神天皇の後を継いだ仁徳天皇のころ、淀川左岸に茨田《まんだ》の堤と呼ばれる長大な堤防が築かれたことはそのことを示している。

また、そのことと関連して興味深いのは、木津川・淀川の川沿いに、野見宿禰《のみのすくね》の墓とされる古墳が三つもあることだ。京都府精華《せいか》町の丸山古墳、大阪府高槻市の宿禰塚古墳、大阪府寝屋川市の太秦高塚《うずまさたかつか》古墳の三つだ。野見宿禰といえば、垂仁朝のころに出雲から大和に呼び寄せられたとされる土師《はじ》氏の祖だ。そして土師氏といえば、古市古墳群や百舌鳥《もず》古墳群の造営にも携わった、古代を代表する土木業者でもあった。

では、その土師氏の祖の墓が、木津川・淀川沿いに三つもあるということは何を意味しているのか。いうまでもなく土師氏が、古市古墳群や百舌鳥古墳群の造営だけでなく、木津川・淀川の治水にも深く関わっていたことを意味していた。

継体天皇即位の意義

六世紀になると、仁徳《にんとく》天皇の血を引く最後の天皇であった「悪王」武烈《ぶれつ》天皇が亡くなり、代わって大伴金村《おおとものかなむら》らに乞われて越《こし》の国（越前）から継体《けいたい》天皇（男大迹《おおど》王）がやってくる。その継体は、五〇七年に樟葉宮《くすはのみや》（枚方市）で即位したあとも、筒城《つつき》宮（京田辺市）、弟国《おとくに》宮（長岡京市）と、転々と居を変えながら二〇年にわたって、淀川・木津川流域にとどまり続けた。

一般には出自の関係で、容易に大和に入れなかったからとされているが、むしろ彼の即位が、その高い治水能力を買われてのことであったと考えるのが自然ではないだろうか。というのも、彼は、木津川・淀川などよりもはるかに治水困難な、白山に源を発する九頭竜《くずりゅう》川とその支流（足羽《あすわ》川・日野川）の治水に功績のあったことで知られる人物だからである。その功績により、今なお越前国の一宮足羽神社に祀られている。

そして治水に専念する天皇（大王）が現れたことは重要であった。その結果、継体朝以降、木津川・淀川の治水は、いちだんと進んだのではないだろ

継体天皇像　越前国の一宮足羽神社に隣接して立つ継体天皇像。1884 年（明治 17）に立てられた。福井の人びとの継体天皇に対する親しみが伝わる。

うか。淀川沿いの藍野《あいの》の地（高槻市）を選んで継体天皇陵＝今城塚古墳が造営されたのは、そのことを後世の記憶にとどめるためだったのではなかったのだろうか。

木津川は、天下に名高い天井川である。人が築堤を繰り返すから川床が上がり生まれるのが天井川である。築堤と川床上昇のイタチごっこの産物である。では、木津川を天井川たらしめた、そのイタチごっこのはじまりはいつごろだったのか。

私は、応神天皇のころではなかったのかと、想像している。応神天皇亡きあと、菟道稚郎子《うじのわきいらつこ》（弟）とのちの仁徳天皇＝大鷦鷯尊《おおさざきのみこと》（兄）が、激しく皇位を――譲り合いという形で――争うが、その舞台が宇治であったこと、そして勝者となった仁徳天皇が茨田の堤の建設で名を馳せたことなどを考え合わせると、そう思う。

四、架橋と巨大首都の建設――聖武と行基

首都の建設と水運

歴史には、重要なことなのに意外と関心をもたれないことがある。それは七世紀の終わりから八世紀にかけて、藤原京・平城・恭仁《くに》京・長岡京・平安京と、次々に巨大な首都が建設されるが、それに必要な資源はどのように調達されたのか、である。

当然その中心は材木だが、膨大な量の材木がどのように調達されたのかは、意外に関心をもたれていない。周辺の国々の山間部からということになるのだろうが、問題はそれが切り出されたあと、どう運ばれたかである。大きな川がなければ運べない。では、使える川は？　当然淀川水系の川ということになる。

東大寺を建設するとき、近江一円で切り出された材木は瀬田川河口付近に集められ、そこから宇治川・淀川・木津川を経て木津まで運ばれ、その後、陸路東大寺まで運ばれたとのことである。だから材木が集められた瀬田川河口付近には、東大寺建設の中心人物であった良弁の建

てた石山寺が所在する。紫式部が源氏物語の構想を練ったところとして知られる寺だ。藤原京建設のときにも材木は木津で陸上げされ、そこから奈良盆地南部まで運ばれた。その労苦が偲《しの》ばれる。

また、木津川の上流の伊賀国からも材木は運ばれた。今の名張《なばり》市には、昔黒田の荘という有名な東大寺領の荘園があったが、そこには板蝿《いたばえ》の杣《そま》という規模の大きな森林伐採場があった。少し北には、同じく東大寺領の玉滝の荘という荘園もあった。

さてそうなると、淀川水系のいずれかの地こそが、巨大首都建設の適地であったことになる。だから、平城以降の都、恭仁京・難波宮・長岡京・平安京はすべて淀川水系のいずれかの川に沿って建てられた。平城も考えてみれば、奈良盆地のなかではもっとも木津川に近いところであった。

架橋と首都北上

ただ大きな川があるところには、便利だけではなく、不便もあった。その大きな川が、陸上交通をあちらこちらで寸断するからである。ふつうの人流・物流ならば渡し船で支えることもできたが、下手をすれば一〇万人を超える人口を擁する都市を支えるのに、それは不可能であった。

だから必要になるのは橋であった。しかし大きな川に橋を架けるのは、堤防を築くことよりも困難なことであった。日本の川は、世界でも有数の急流だということを忘れてはならない。しかもモンスーン気候のなかにあるから、雨量も多い。相当高度な技術がなければ、橋は架けられない。だから七世紀の半ばまで橋は架けられなかった。七世紀も後半になって、ようやく淀川水系の川のような大きな川にも橋が架けられるようになった。そして時代は、治水の時代から架橋の時代へと移ったのである。

まずは宇治橋と瀬田の唐橋が架けられ、八世紀に入ると、行基（集団）によって、山崎橋（京都府大山崎町と大阪府枚方市樟葉《くずは》を結ぶ橋）と泉橋（木津川市のところで木津川を渡る橋）が架けられた。豪族たちが、みずからの権威を示すのに、古墳ではなく、寺を建てはじめたことが、技術水準を高めたのだろう。橋の建設に僧侶が多く関わっているのもそのせいかもしれない。

そして八世紀になると、ようやく木津川以北の京都盆地、要は淀川水系に首都を移せる条件が生まれた。巨大首都建設にもっとも適した地に首都を移すことが、可能になったのである。そこでさっそく、行基による泉橋建設に合わせる形で、聖武《しょうむ》天皇が行ったのが、木津川北岸への首都の移転、恭仁京遷都であった。

巨大首都の建設がはじまったのは、六七二年の壬申の乱の結果生まれた天武《てんむ》・持統《じとう》朝におけ

宇治橋（上）と泉橋（下）　日本三古橋のひとつ宇治橋と、大和と山城を結ぶ泉橋の現在である。宇治橋の北のたもとには橋寺（放生院）が建ち、境内には架橋理由を刻んだ宇治橋断碑がある。それによれば、大化改新の翌年道登により最初の架橋がなされたことになっている。また泉橋の北側には、行基が建設の拠点とした泉橋寺が今も建つ。

る藤原京の建設からであったが、では、なぜ天武や持統にとって、前例のない巨大首都の建設に取り組む必要があったのか。それは同時に、五畿七道の整備が進められたことと関係していた。彼らは日本中を七本の道でひとつに結び合わせ、名実ともに整った統一国家をつくり上げようとしていたのである。

彼らは「東国勢」を率いて不破《ふわ》関（関ヶ原）で大友皇子率いる「西国勢」と戦った。それは日本がいまだ統一国家の体を成していない証拠であった。それを越えようとしたのである。ただ、そうするためには、その七道の起点にも終点にもなりうる巨大首都の建設が不可欠だった。だから飛鳥浄《あすかのきよ》御原宮《みはらのみや》以前の都とは比べものにならない規模の藤原京の建設に乗り出したのである。

しかし五畿七道の中心となりえる巨大首都を、奈良盆地の中につくることは、やはり困難であった。淀川水系がもつ水運の便がなかったからである。ゆえに、それを建設するためには、都を北へ、そして京都盆地へと移す必要があった。ゆえに、聖武は木津川を越え、桓武《かんむ》は淀川を越えたのである。

樟葉宮跡　現在は枚方市交野天神社の境内となっているが、かつてここに継体天皇の即位した樟葉宮があったと推定されている。そしてそれは、桓武天皇による郊祀祭実施の場所でもあった。

淀川を越えて長岡京に遷都したとき、桓武はみずからの成し遂げた大業を寿ぐために、都の南郊で天と祖を祀る郊祀《こうし》祭という中国風の祭りを行ったが、その場所は、奇しくも継体《けいたい》の即位した樟葉宮の跡であった。それは、淀川を越えて長岡京へ都を移すということが、単に架橋技術の発展の成果というにとどまらず、長年の木津川・淀川治水の成果でもあったことを物語っていた。桓武は継体に対しても深く感謝の意を告げたのではないだろうか。

なお都が、淀川を越えて長岡京・平安京に移ったのちは、平城発の道の役割は低下する。ゆえに架けられた橋の内、山崎橋と泉橋は、いつしか洪水で流されると架け替えられなくなり、消滅したまま今に至っている。

五、東大寺二月堂と鎮護国家

二月堂の秘密

さて、今述べてきた巨大首都の建設が、人びとの心に及ぼした影響の大きさを物語るのが東大寺二月堂である。

二月堂といえば、誰もが想起するのは毎年三月に行われる修二会《しゅにえ》である。若狭《わかさ》国（小浜）遠《おに》敷《ゆう》川の鵜《う》の瀬《せ》というところで地下に流し込まれた近くの神宮寺の境内に湧く水が、二月堂前面の若狭の井《い》に流れつき、香水《こうずい》として儀式に用いられることからお水取りとも呼ばれている。鎮護国家の仏教と、日本海側世界との深いつながりを連想させる祀りである。

しかもその連想は、二月堂境内に建つ三つの鎮守の存在によっても補強される。豊玉姫命《とよたまひめのみこと》を祀る興成《こうじょう》神社と、ヒコホホデミノミコト（山幸彦）を祀る遠敷神社と、軻遇突智《かぐつち》神・埴山《はにやま》媛命・稚皇産霊《わくむすび》神を祀る飯道《いいみち》（「はんどう」とも）神社の三社である。

興成神社と遠敷神社が、神宮寺の近くに建つ、それぞれ豊玉姫とヒコホホデミを祀る若狭姫

東大寺二月堂と興成神社

二月堂を取り巻く神社

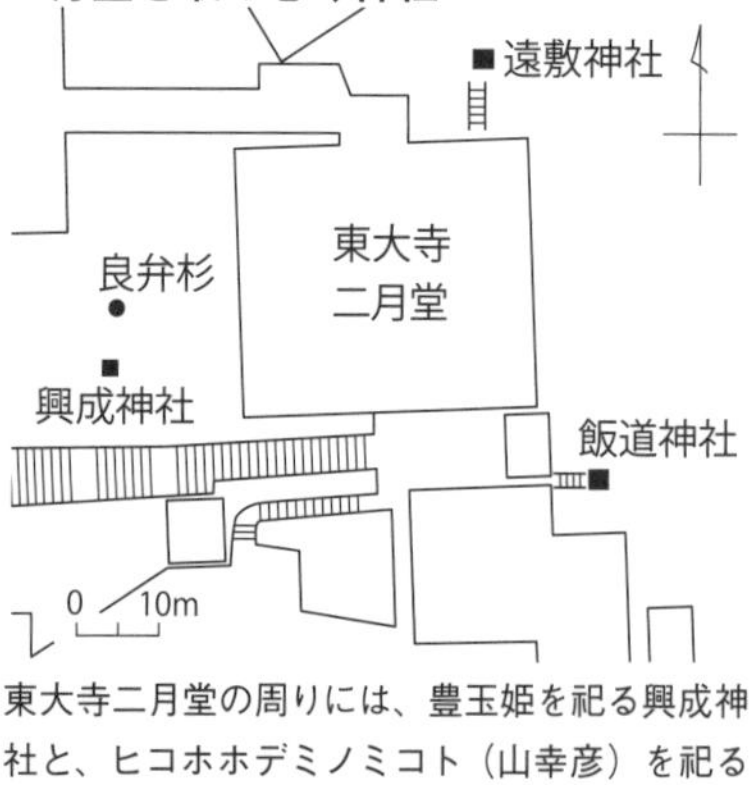

遠敷神社

飯道神社

東大寺二月堂の周りには、豊玉姫を祀る興成神社と、ヒコホホデミノミコト（山幸彦）を祀る遠敷神社、そして軻遇突智神ほかイザナミの神の死に関わった神々を祀る飯道神社が建つが、それらは、本文中で述べたように、二月堂の十一面観音信仰と白山信仰の深いつながりを示している。

神社（下社）と若狭彦神社（上社）に由来する神社であることは歴然としている。問題は飯道神社だ。一見、正体がつかみにくい。だがそれが紫香楽《しがらき》（信楽）にある飯道山山頂の飯道神社から勧請された神社だということを考えると、その正体はおのずから明らかになる。

飯道山の飯道神社には、熊野の神々とともにイザナミの神が祀られている。そして考えてみれば、二月堂の飯道神社に祀られている上記の神々は、イザナミから生まれイザナミを焼き殺した火の神、軻遇突智神をはじめ、イザナミの死（黄泉《よみ》の国行き）に深く関わった神々であった。二月堂の飯道神社の祭神もまたイザナミの神だったのである。

白山信仰と水分信仰

では、死後のイザナミはどこに住んだのか。飯道山の飯道神社の本殿の横には、廃仏毀釈で飯道寺が廃寺となるまで、白山権現を祀る堂宇が建っていた。そして白山信仰といえば、死の世界である白山山頂でイザナミとその霊媒菊理《くくり》姫を祀る信仰である。白山がその住処《すみか》であった。飯道神社の存在も、二月堂の日本海側世界との深いつながりを示していたのである。

では、なぜ鎮護国家の仏教と、日本海側世界の信仰である白山信仰は、東大寺二月堂において交わったのか。そこで見ておきたいのは、白山信仰におけるイザナミの変化した姿である。

イザナミは、白山信仰の開祖泰澄《たいちょう》の前に、まず九頭竜王《くずりゅう》として現れた。次いで十一面観音に姿を変えた。では九頭竜王とは。白山山頂の翠ヶ池《みどりがいけ》から四方八方に流れ出す庄川・手取川・九頭竜川・長良川などの河川を、胴体は一つ、頭は九つの「怪獣」に見立てた神であった。巨大な水分《みくまり》の神であった。繰り返し高志《こし》（越）から出雲にやってきて生贄《いけにえ》を求めた、八岐大蛇《やまたのおろち》の正体でもあった。それが仏教世界においては、形状の一致から、十一面観音となったのである。

そして重要なことは、大和においても四方の水分社（吉野・宇陀・都祁《つげ》・葛城）が次々と建てられたように、八世紀になると、水分信仰の確立・普及が、国家にとって焦眉《しょうび》の課題となっていたことである。

社会を高山の山上（高所）から俯瞰《ふかん》するということは、人が自然にとらえることのできる範囲の社会を超えた広大な社会を、単一の社会として統一的に把握するということを意味する。それが、まさに巨大な首都や七道の建設を通じて、名実ともに整った統一国家を建設しようとしていた当時の国家にとっては必要だったのである。

だから鎮護国家仏教の総本山東大寺において、もっともスケールの大きな水分信仰であった白山信仰と仏教とのすり合わせが行われたのである。そしてそのすり合わせが進むと、九頭竜王信仰（水分信仰）の仏教的表現としての十一面観音信仰が生まれ、定着した。

二月堂の本尊が秘仏十一面観音であること、廃寺となった飯道寺の本尊も十一面観音であったこと、修二会の香水を送る神宮寺の本尊がじつは千手十一面観音であったこと、そして、白山信仰の開祖泰澄が、聖武《しようむ》天皇の依頼を受けて、藤原四兄弟（武智麻呂《むちまろ》・房前《ふささき》・宇合《うまかい》・麻呂《まろ》）までも死に追いやった疫病の退散を願って刻んだ仏像が、今日長浜市高月町渡岸寺《どうがんじ》観音堂《かんのんどう》に安置されている国宝十一面観音像であったこと――このことについては美術史家の人たちから異論もあるようだが――などは、その帰結であった。

人に、見える範囲の社会の一員であることを超えて、直接見ることのできない、規模の大きな社会＝国家の一員であることを受け入れさせるために、奈良時代の国家は水分信仰の確立を必要としていたのである。

それまで一本の川、たとえば吉野川に対する水の信仰は存在した。丹生川上社《にうかわかみしや》（上社・中社・下社）に対する信仰がそれであった。九頭竜川や長良川に対する黒龍信仰もそれであった。ひと筋の川が、時として水災をもたらす一匹の龍にたとえられることはあった。しかし山の頂から四方八方に流れ出す川の総体に対する信仰は存在しなかった。それを確立しようとして、国家は越の国から白山信仰を、泰澄と行基《ぎようき》、泰澄と玄昉《げんぼう》の交流を通して密輸入したのである。そしてそれを、東大寺二月堂を拠点に十一面観音信仰として洗練し、流布させたのである。

しかも、そのつくり直しの舞台が東大寺であったことにも意味があった。東大寺の中心に鎮座する盧舎那仏《るしやなぶつ》（大仏）は、全宇宙の創造仏（法身《ほつしん》）であって、被造物たるすべての人の内面に存在するが、にもかかわらずそれは巨大すぎて、誰ひとりとして知覚することのできない存在であった。後述の斉藤恵美の論考に詳しい。したがって抽象的にならざるをえない存在でもあった。その抽象性を表すのに遠く――最初は紫香楽に――、巨大なものとして造られたのである。一本一本の水系に住む人びとにとっての水分の神＝九頭竜王と同じ役割を果たす存在であった。

かくて東大寺二月堂こそ、巨大首都建設と五畿七道の整備により、二度と「東国勢」と「西国勢」に別れて争うことのない国家をつくり上げようとしていた、七世紀末から八・九世紀にかけてのこの国のシンボルとなったのである。

悟りの進化と禅文化

小路田 泰直

聖徳太子は十七条憲法冒頭「以和為貴《わをもってとうとしとなす》」と言い、何事も話し合いで決めよと言ったが、その教えを守らせるためには一〇〇〇年に一人ぐらいの割合でしか現れない聖の力が不可欠になるとも言った。だから第十四条には「千載《ちとせ》にして一《ひとり》の聖を待つこと難し。其《そ》れ賢聖《さかしきひじり》を得ずは、何を以てか国を治めむ」と書いた。

おおむね人は、「凡夫《ぼんぷ》」なるがゆえに私利に塗れる。それにもかかわらず、私利と私利の争いを言論を超えた争いにさせないためには、「以和為貴」との規範を人びとに強いることのできる、聖と呼べるほどの高い人格の力が必要なのだと、こう考えた。

ただ聖を得るにはどうしたらいいのか。聖徳太子は苦悩した。そして、六一三年冬のある日、斑鳩《いかるが》から少し行った片岡（現王寺町）というところを歩いているとき、一人の飢人《きにん》に出会った。かわいそうに思い「飲食」と「衣裳」を与えたが、その甲斐もなく死んでしまったので、その飢人のために墓をつくってやった。

しかし数日後、その飢人が、もしや「凡夫」ではなく「真人《しんじん》」すなわち聖ではなかったのかと思い立ち、使者を送って確かめにやらせた。すると使者は、「屍骨《しこつ》」はすでになく、「衣服」のみがきちんとたたんで残してあったと復命した。聖徳太子は、やはりその飢人は聖であったと確信し、ふたたび使者を送ってその「衣」を取りに行かせ、「常の如く」それを着た。するとどうだろう、人びとは「聖の聖を知ること、其の実なるかな」と言い、飢人の中に聖性を見いだした聖徳太子自身のことを聖と称えるようになった（『日本書紀』推古二一年一二月庚午朔条、辛未条）。

有名な片岡飢人伝承であるが、ここで重要なことは、死して蘇る存在をもって聖徳太子が聖と見なした点である。いくら奇跡を起こしても、みずからがキリスト（救世主）であることを信じてもらえなかったイエス・キリストが、死なないでくれと懇願する弟子たちを振り切って、あえて十字架に上り、処刑され、三日後に蘇る（復活）ことによって、みずからがキリストであることを証明してみせたことはよく知られているが、聖徳太子はそのキリスト的存在に聖をみたのである。

ただ、死して蘇った飢人ともう一度出会うということは不可能だった。そこで彼はみずから死に、蘇り、聖になることを選んだ。推古天皇も蘇我馬子も存命中の六二二年、四九歳の若さで死に、六四三年愛息山背大兄王《やましろのおおえのおう》が蘇我入鹿に攻められて死んだときに蘇り、聖となった。

ただ一人の聖を求める時代は、逆に万人は「凡夫」でもいいとあきらめる時代でもあった。しかしやがて万人に対し、程度の差こそあれ「悟り」を求める時代がやってきた。それは巨大首都の建設や道路網（七道）の整備により、人為を以て国土を改造し、統一国家をつくり上げようとする時代であった。そうした時代の人為を支えるのは、万人の道徳心（公共心）でしかなかった。聖武《しょうむ》天皇が「菩薩《ぼさつ》の大願を発《おこ》して、盧《る》舎那《しゃな》仏《ぶつ》の金銅像一軀を造り奉る」にあたって次のように呼びかけたとき、その時代が幕を開けた。

国の銅《あかがね》を尽して象《かたち》を鎔《い》、大山を削りて堂を構へ、広く法界に及して朕《わ》が智識《ちしき》とす。（中略）夫《そ》れ、天下《あめのした》の富を有《たも》つは朕なり。天下の勢《いきほひ》を有つは朕なり。この富と勢とを以てこの尊き像を造らむ。事成り易く、心至り難し。但恐《ただおそ》るらくは、徒《いたずら》に人を労《つから》すことのみ有りて能《よ》く聖《しゃう》に感《かま》くること無く、或は誹謗《ひぼう》を生《おこ》して反《かへ》りて罪辜《ざいこ》に堕《おと》さむことを。是の故に智識に預かる者は懇《ねもころ》に至れる誠を発し、各《おのおの》介《おほき》なる福を招きて、日毎に三たび盧舎那仏を拝むべし。自ら念《おもひ》を存して各《おのおの》盧舎那仏を造る

べし。如《も》し更に人有りて一枝の草一把の土《ひぢ》を持ちて像を助け造らむと情《こころ》に願はば、恣《ほしきまにま》に聴《ゆる》せ

（『続日本紀』天平一五年一〇月辛巳条）

彼は、自分も一人の「知識」となり、持てる力を尽くして「国の銅を尽して象を鎔、大山を削りて堂を構へ」るから、皆も、富める者は「知識」と呼ぶにふさわしく、その富を以て、貧しき者は「一枝の草一把の土を持ちて」その事業を助けよと、人びとに告げたのである。

ただ万人に「悟り」を求めるということは、「悟り」の水準を相当に引き下げなくてはならないということも意味した。釈迦や聖徳太子のレベルの如来の「悟り」は、もはや昔の語り草で、今や何とか菩薩の境地にたどり着けば、それでよしと考えるようになった。

だから白山信仰の浸透を機に観音信仰が広がり、比叡山山上で一二年修行を積めば悟れるといったレベルの「悟り」（『山家学生式《さんげがくしょうしき》』）がさまざまな形をとって現れた。山岳仏教の拡大、修験道の隆盛などもそのひとつであった。

しかし、如来ではなく菩薩になることをめざす、ある意味で中途半端な「悟り」は、

一方でそれを合理化する法華経の権威を異常に高めたが、他方「悟り」へのあきらめを人びとの心に植えつけてもいった。人が「悟り」をあきらめ、阿弥陀如来による死後救済を求める浄土信仰が広がった。そしてそれが、末法思想の広がり、末法的現実――戦乱・疫病・飢餓――と重なり、人びとの心から「悟り」への確信を奪った。聖武天皇や行基《ぎょうき》の掲げた理想は、ついに実現することなく終わった。

そこで「悟り」の根本的転換が必要になった。そして登場したのが、鎌倉幕府・室町幕府公許の教え禅宗であった。曹洞宗の開祖道元は、人が「悟り」を得ようとするとき、「古人」の「語録公案」を知り、その教えに導かれてそれを得ようとするなど、してはならない。「語録等を見ることをやめて、一向に打坐して大事を明らめ」（懐奘《えじょう》『正法眼蔵随聞記《しょうぼうげんぞうずいもんき》』岩波文庫、一九八二年）よと述べた。「無明」の対極にあり、「全知」と重ね合わされることの多かった「悟り」を、「賢」の呪縛から切り離したのである。そして、ひたすらみずからを顧み――そのための手段が只管打坐《しかんたざ》――、「吾我《ごが》」から離れることを以て「悟り」としたのである。

その結果「悟り」は、「利鈍賢愚を論ぜず」（同前）、「上中下根ひとしく修し得べき」（同前）ものとなった。「悟り」のレベルを菩薩のレベルに引き下げることによってではなく、その意味を――今でいう「道徳」に――変えることによって、それを万人にとって獲得可能なものとしたのである。形を変えて、聖武や行基の理想を実現したのである。万巻の書は読めなくても、山に登ったり、坐ったりすることは誰にでもできる。

そしてその「悟り」の転換が「東山文化」を生み、また臨済僧一休宗純《いっきゅうそうじゅん》や、茶禅一味《いちみ》の境地の開拓者村田珠光《むらたじゅこう》らの手によって、多様な形をとって広められていったとき、人の「吾我」と「吾我」、「私利」と「私利」の対立が生み出す争いの世、末法の世は、少しずつ平和の世に切り替わっていったのである。「天下布武《てんかふぶ》」を誓った織田信長や、「天下惣無事《そうぶじ》」を実現した豊臣秀吉が、村田珠光の道統をひく千利休に深く心酔したのはその証であった。

そしていつしか人は、社会全体のことを慮って、みずからの欲望を節することを覚えた。その結果、平和（徳川の平和）の代償としての身分制の重圧を、二六〇年間耐え忍ぶ忍耐力も身につけたのである。

さて、それでは以上の「悟り」の進化の舞台はどこだったのか。やはり広い意味での「けいはんな」であった。蘇り聖となった聖徳太子の当面の住処《すみか》は斑鳩にある元岡《おか》本宮《もとのみや》、法起寺《ほっきじ》であったが、その法起寺と同じ伽藍《がらん》配置をもつ寺が木津川市上狛《かみこま》にかつて建っていた高麗寺《こまでら》であった。高麗寺と並ぶ山背国の古刹蜂岡寺《はちおかでら》（広隆寺）も聖徳太子から下賜された仏像を安置して、土地の豪族秦河勝《はたのかわかつ》が建立した寺だった。聖徳太子の悟りと「けいはんな」の地の縁は深い。

そして聖武天皇が盧舎那仏造立の詔を発したのは、ご存じのとおり恭仁京《くにきょう》においてであり、最初の建設予定地は紫香楽《しがらき》であった。

また「東山文化」が、「茶の湯」や「能」など多様な芸能に姿を変えて広がっていく起点となったのは、京田辺市にある酬恩庵一休寺《しゅうおんあんいっきゅうじ》であった。

六、平安京遷都と首都圏の成立――国家の縮図「けいはんな」の成立

平安京遷都と藤原氏の台頭

七九四年（延暦一三）の平安京遷都を以て、巨大首都建設のための試行錯誤は終わり、その後一〇〇〇年続く「万代宮《よろずよのみや》」が誕生した。そしてその誕生が国の構造を変えた。もはや単に政治権力の所在しているところが都ではなくなった。五畿七道の結節するところ、全国の人と富が一点に集まるところが都になった。首都圏と呼びうる、他所とは隔絶した経済中心が誕生したのである。いわゆる畿内の成立である。

そして、それが誕生すると国家分裂の危険が低下した。武埴安彦《たけはにやすひこ》の乱や、壬申の乱のような反乱が起きにくくなった。都と地方との格差はどんどん広がるが、同時に首都圏とのつながりなしに生きられる地方も存在しなくなるからであった。国家全体の有機的一体性が強まったからである。

その結果、統治の要諦も変わった。四道《しどう》将軍やヤマトタケルノミコトのような人たちを四方

八方に派遣し、日本中をくまなく支配することが統治の要諦ではなくなった。首都圏を巧みにコントロールし、それを以て有機的一体性を増した国全体を効率よく支配するのがその要諦となった。

だから平安京遷都後、官人たちは原則として畿内にとどまり、畿内から外に出なくなった。とりわけ宇多《うだ》天皇が即位した九世紀の末以降はそうなった。なかには国司に任命されておきながら任国に赴任しない者（遙任《ようにん》）まで現れた。

また、支配層の内部に大きな新陳代謝が起きた。四道将軍型の統治に慣れてきた伝統的豪族たちが力を失い、首都圏支配に長けた新興豪族が台頭した。具体的にいえば、藤原氏が台頭し、大伴氏や紀氏が力を失った。

その場合、あらかじめ琵琶湖・淀川水系に大きな力をもっていたことが、藤原氏に有利に働いた可能性がある。壬申の乱では近江朝廷（大友皇子）側につき、敗者の側に回ったはずの藤原氏が、不比等とその四人の子どもの代になると、当たり前のように権力の頂点を占めるようになっていた。始祖鎌足の盟友――そして噂によれば不比等の父――天智天皇による近江京遷都の意義がそのあたりにあったのかもしれない。

そしてそう思うと、たしかに琵琶湖・淀川水系には、藤原氏の〈力の痕跡〉が多くみられる。そもそも鎌足の子不比等は、死後「淡海公《たんかいこう》」と諡《おくりな》されるほど、近江国との関わりの深い存在であった。冬嗣《ふゆつぐ》以降、道長・頼通に至る藤原北家累代の墓も、宇治木幡《こはた》に営まれ、天皇陵並みに宇治陵と称せられてきた。鎌足の墓も、淀川沿いの阿武山《あぶやま》（茨木市）に営まれている。道長と頼通がその栄華を誇示するのに、別荘を営み、平等院鳳凰堂（阿弥陀堂）を建てた地も宇治であった。

なお、阿弥陀堂建築としては鳳凰堂と並び称せられる日野法界寺《ほうかいじ》の阿弥陀堂（木幡の北）を建てた日野氏も藤原氏の一流であった。たしかに藤原氏と琵琶湖・淀川水系との関わりは深かったというべきだろう。

国の縮図と神々

当然変わったのは統治の要諦だけではなかった。首都圏（畿内）を治めることが国家を治めることになるのだから、国土観も変わった。首都圏が国家の縮図としてとらえられるようになった。そしてその国土観を支えるために、列島の東端を守る鹿島神宮（武甕槌神《たけみかづち》）と香取神宮（経津主神《ふつぬし》）の神が春日大社に勧請され（七六八年〈神護景雲二〉）、日本の西南端熊襲《くまそ》との境界を守る宇佐八幡宮の神々が、石清水八幡宮《いわしみずはちまんぐう》に勧請された（八五九年〈貞観元〉）。鎮護国家を祈願すべく春日参詣、石清水参詣が盛んに行われるようになり、「けいはんな」はその参詣路として栄えた。

石清水八幡宮　神功皇后伝説によれば、新羅と対抗することによって、逆に倭と熊襲の和合を実現する神が八幡神であった。ゆえに国家の内部を平和に保つには必須の神であった。となると国家を分裂に導きかねない人の葛藤・摩擦が深刻になればなるほど、その必要は増した。しかも願いごとの増加とともに、いちいち宇佐八幡宮に出向いて、お伺いをたてるといったこともできなくなった。分社が必要となり、859 年山城国男山に石清水八幡宮が勧請された。

くわえて、その新しい国土観を正当化するために、首都圏の「国のまほろば（揺籃の地）」化が図られた。首都圏をあらゆる制度・文物の発祥の地と見なす営みの開始であった。ならば、その地を特権化することに正当性が生まれるからであった。と言って、つい最近生まれたばかりの平安京をいきなり「国のまほろば」というわけにもいかなかった。

ならば逆に、そこが「国のまほろば」であることを誰しも訝《いぶか》しがらない大和の地を、首都圏の構成要素に加えてしまえばよかった。だから国家は平安京遷都後も、平城を廃れるに任せず、保護し、神仏の宿る空間、伝統文化の保存地区として、機能させたのである。

言い換えると、平安京と南都の二都によって構成される空間として首都圏を整備したのである。その結果、大和言葉、大和歌（和歌）、大和絵、大和魂など、さまざまな大和が生み出されていった。

そしてそれは、みずからの文化をみずからにルーツをもつ文化としてとらえる営みでもあった。漢風文化の大海の中に一滴の国風文化が滴《したた》り落ち、それが大きな波紋を描くことになったのである。

七、戦争と平和――一休の苦悩

戦乱の時代

しかし首都圏は、そこが隔絶した経済中心であるだけに、人の利害が激しくぶつかり合う舞台でもあった。その争いを鎮めるため、平安時代初めに置かれたのが、令外官検非違使《りようげのかんけびいし》であったが、その役割は年々歳々重要性を増していった。春日の神木をもち出して行われる興福寺僧らの強訴《ごうそ》なども起きた。

そして一一五六年〈保元元〉、天皇家と藤原氏の内紛に端を発した保元《ほうげん》の乱が起きると、首都圏は、しばしば戦場と化すようになっていった。平治の乱（一一五九年〈平治元〉）のときも、治承寿永《じしようじゆえい》の内乱（一一八〇～一一八五年〈治承四～寿永四〉）のときも、承久の乱（一二二一年〈承久三〉）のときも戦場になった。

とりわけ、交通の要、宇治橋や瀬田の唐橋では、毎回激しい戦闘が繰り広げられた。以仁王《もちひと》の令旨《りようじ》を受けて平家追討の狼煙《のろし》をあげた源三位頼政が蜂起したのも宇治であったし、源範頼・

義経率いる鎌倉幕府軍が、先行して京都に侵入していた木曽（源）義仲を打ち破ったのも宇治橋であった。その後、義仲は瀬田の唐橋まで逃げ、逃げきれず敗死する。承久の乱のとき、後鳥羽上皇が、頼みの綱として守りを固めていたのも、これまた瀬田の唐橋と宇治橋であった。そしてそこが破られたとき、幕府軍の京都侵入を許した。

一三三三年（元弘三）、足利尊氏が六波羅探題《ろくはらたんだい》を襲い、鎌倉幕府を滅亡に追いやるが、それから以降、首都圏は以前にも増して頻繁に戦火にさらされるようになった。後醍醐天皇の建武新政が短命に終わったあと、足利幕府が成立するが、それでも首都圏を戦場とする戦いは終わらなかった。足利幕府が分裂に次ぐ分裂を繰り返したからである。

とりわけ尊氏と、弟直義が争った観応《かんのう》の擾乱《じょうらん》は、一三五〇年（観応元）から五二年にかけて二年に及ぶ激しい戦いとなった。後醍醐天皇とともに大和国吉野に逃れていたはずの南朝側が、幕府分裂の隙をついて京都奪還を企てるといったことなども起きた。一三九二年（明徳三）、三代将軍足利義満によって南北朝の統一が実現するまで戦いは続いた。

そして束の間の〈義満の平和〉が訪れたのち、一四六七年（応仁元）、応仁の乱が起きたのである。それは、畠山氏の内紛がきっかけであったが、全国の守護大名たちが軍勢を率いて京都に集まり、東西両軍に別れて一〇年の長きにわたり戦い続けるという異常事態の勃発であった。ただ危機は人びとを目覚めさせる。応仁の乱は、平和創出の新たな試みのはじまりともなったのである。

山城国一揆と平和の技法

ひとつは、それを機に京都とその周辺に、さまざまな形の自治が形成された。うち続く戦乱から地域を守り、地域の平和を保つためであった。京都には町・町組・惣町《そうちょう》（上京・下京）の自治が生まれ、「けいはんな」には、国人《こくじん》領主（地侍）たちの一揆や、惣村の自治が生まれた。多くの村が、水濠でみずからを囲み、外敵に対する備えを強化した。木津川市の上狛《かみこま》の集落などには、今なおその水濠の跡がくっきりと残っている。

上狛集落の水濠の跡　典型的な中世環濠集落であった木津川市上狛の集落の周辺には、今もなお水濠の跡がくっきりと残っている。

そしてその自治の力が、時として横につながり、守護大名たちさえ地域から排除する力となった。一四八五年（文明一七）、南山城の久世《くせ》・綴喜《つづき》・相楽《そうらく》三郡の国人領主および農民の代表が宇治平等院に集まり、「国中掟法《くにじゅうおきて》」を定め、応仁の乱

稲屋妻城跡　精華町北稲八間集落の背後にそびえる城山。ここが山城国一揆終焉の地となった。

が終わってもなお跡目争いをやめようとしない畠山義《よし》就《なり》と畠山政長の軍勢を、ともに南山城から追い出すことを決議した。そして南山城一帯をみずからの代表「三六人衆」の支配下に置いた。山城国一揆である。

一揆そのものは、それから八年後（一四九三年〈明応二〉）、ふたたび守護大名による地域支配の回復を図ろうとする勢力の攻撃にあい、稲屋《いなや》妻《づま》城（精華《せいか》町）の戦いを最後に消滅するが、それが解き放った自治のエネルギーは、その後も決して消えることなく南山城一帯に根づいた。年貢の徴収を村の自治が請け負う村請制の定着が、その証であった。村請制が発達したから、ひとつの村にたくさんの領主が所領をもつ相給《あいきゅう》制が可能になったのである。年貢の領主ごとへの配分は、帳簿上の操作だけでできたからであった。

また、争いの根を断つべく、人びとに「私」を超えた「公共」の観念をもたせようと、さまざまな対話の技法が生み出された。「公共」とは、「私」の否定からは生まれない。「私」と「私」の対話・相互理解からしか生まれないからである。

考えてみれば、この国は、巨大首都を淀川水系につくり上げる第一歩となった聖武《しょうむ》天皇による恭仁京《くにきょう》遷都以来、人びとにその「公共」の観念をもたせようと、たゆまぬ努力を続けてきた。人びとの「公共」観念に支えられることなく、巨大首都の建設や五畿七道の整備は不可能だったからであった。

聖武天皇は、その「公共」観念を身につけた人を「知識」と呼び、自身も「知識」のひとりになろうとした。だから恭仁京建設と並行して、最初は紫香楽宮《しがらきのみや》に、最後は平城に、「知識」たちの自発的な協力を募り、盧舎那仏《るしゃなぶつ》一体を造立したのである。

そうした努力の積み重ねが、応仁の乱を機に、一挙に花開く形となった。人と人が話し合い協力し合う、多くの対話の技法が創始されたのである。たとえば、当然応仁の乱以前からそれは存在するが、神仏を前に起請文《きしょうもん》を書き、それを燃やして水につけ、回し飲む一味神水《いちみしんすい》の儀式などもその対話の技法であった。山城国一揆を支えた「国中掟法」なども、この技法を通じて生み出された。

そしてその多くある対話の技法のひとつが、奈良（称名寺《しょうみょうじ》）の人村田珠光《むらたじゅこう》によって創始され、堺の人武野紹鷗《たけのじょうおう》・千利休に受け継がれた「茶の湯」「侘《わ》び茶」だったのである。世阿弥が創始

一休宗純（1394 ～ 1481）と虎丘庵　一休宗純は 14 世紀末に生まれ、15 世紀の後半にかけて活躍した臨済宗大徳寺派の高僧。後小松天皇の落胤説もあり、詩歌や書に優れ、その奔放な生き方が、多くの人から慕われた。応仁の乱で荒廃した大徳寺の再建に尽くし、みずからは、現京田辺市にある酬恩庵一休寺に長く住んだ。虎丘庵は、戦火を免れるために京都東山から酬恩庵に移築した庵だが、村田珠光や金春禅竹らが集い、文化サロンの様相を呈した。言葉としての「禅」が、芸能としての「禅」に転化した場所ともいえる。

した猿楽《さるがく》を、その娘婿金春禅竹《こんぱるぜんちく》が内面化・精神化させることで大成させた能楽などもそのひとつであった。神に奉納するための演劇ではなく、観衆の共感を得るための演劇をめざした。

そして興味深いのは、珠光の侘び茶であれ、禅竹の能楽であれ、その原点には臨済宗大覚寺派の僧一休宗純《いっきゅうそうじゅん》がいたということである。珠光も禅竹も、一休が、応仁の乱の戦火を避けるために京都東山から酬恩庵《しゅうおんあん》一休寺《いっきゅうじ》（京田辺市）に移築した虎丘《こきゅう》庵に集った文化人のひとりであった。一休の影響を強く受け、珠光は侘び茶を生み、禅竹は能楽を完成させたのである。

では、一休宗純とはいかなる人物だったのか。朋友蓮如《れんにょ》（浄土真宗中興の祖）などと同様、応仁の乱の最中にあって、ふたたびそのような悲劇を繰り返さないためにはどうしたらいいのかを真剣に考え続けた知識人のひとりであった。人に悟りを求めない、むしろ悟りえぬことの自覚を求める、だから「無」が理想化される禅の立場から、人びとに争いの停止を求めたのである。

侘び茶にしても、能楽にしても、その一休の理想から生まれた対話の技法、平和の技法であった。そしてそれは「けいはんな」の一角、一休寺から生まれたのである。

山々と寺々——とりわけ笠置寺

小路田 泰直

広島県福山市に、鎌倉時代から室町時代にかけて栄えた、かつて「草戸千軒町《くさどせんげんちょう》」と呼ばれた港湾都市の遺跡がある。江戸時代の初め、洪水で町全体が埋もれてしまい、その存在が長く忘れ去られてきた都市の遺跡だ。巨大な都市がそのまま地中から出てきたので、「日本のポンペイ」などとも呼ばれて、多くの人の関心を集めている。

ただ私が気になったのは、遺跡そのものというよりも、「草戸千軒」というその呼び名のほうだ。どうも日本では、多くの人や家の集まりを表現するのに「千」という数字が好んで用いられてきたのではないか、そう思えたからである。

そしてそうなると俄然《がぜん》気になるのが、富士山信仰の中心浅間《せんげん》神社の名だ。「あさま神社」とは読まない。「せんげん神社」と読む。元は「千軒神社」だったのではないのだろうかと、つい想像してしまう。膨大な数の縄文人が富士山麓に集まった痕跡ではなかったのだろうか。

また、気になる名は南山城にもある。南山城村の童仙房《どうせんぼう》だ。明治維新後、京都府が先頭に立って開発に取り組んだ開拓村だ。明治期の殖産興業政策を知るうえでも重要な村だが、その地にはじつは次のような伝承がある。

日本で最初の仏教寺院法興寺（飛鳥寺）の落慶式に参列したひとりの僧侶が、一念発起してみずからも立派な寺を建てようと行脚を重ね、現在の南山城村大河原付近まで来たとき、金色の光となって現れた帝釈天に導かれて同地に至り、堂宇千坊を数える巨大な寺をつくり上げた。ゆえに同地は、「堂千坊」とも、「土千房」とも呼ばれた。ただ九世紀の半ば、中央の政争に巻き込まれ、全山焼失という憂き目にあうと、江戸時代に入るまで、誰からも振り返られることのない地になってしまった。

真偽のほどは定かでない地名伝承であるが、ここでも多数ということが「千」という数字を用いて表されている。

さてそれでは、かつて童仙房に堂宇千坊を数える巨大な寺があったと聞いて、人はリアリティーを感じるだろうか。たいていは感じないと思う。明治になってようやく開拓がはじまったほどの山奥だからである。

しかし私は感じる。そこで当たり前のことをひとつ思い出してほしい。日本の寺の多くが、○○山△△寺といった呼ばれ方をすることである。日本の仏教寺院にとって、山岳寺院であることは、その本質なのである。考えてみれば天台宗の総本山延暦寺も比叡山山上にあり、真言宗の総本山金剛峯寺《こんごうぶじ》も高野山山上にある。いずれも海抜八〇〇メートルを超える山である。

寺院の建設には山上が似合っていた。資材としての材木が豊富だし、その材木を、建築用材や燃料として売って得られる富がそこには集まるからである。この点は民俗学者谷川健一氏からご教示いただいた。

だから「堂千坊」と呼ばれるほどの大寺院がかつて童仙房にあったとしても、決して驚くにはあたらないのである。

そしてそれが証拠にといってもいいのかもしれないが、南山城の東山中には、かつて多くの寺院が営まれた。役行者《えんのぎょうじゃ》（小角《おづぬ》）が開いたとされる金胎寺《こんたいじ》（和束《わづか》町）、聖徳太子創建を誇る神童寺《じんどうじ》（木津川市山城町）――以上二か寺は吉野金峯山《きんぷせん》と並ぶ修験道の中心――、奈良時代に創建され、鎌倉時代になって貞慶《じょうけい》によって中興された海住山《かいじゅうせん》寺《じ》（木津川市加茂町）、海住山寺同様加茂町にある岩船寺《がんせんじ》（行基《ぎょうき》開基）と浄瑠璃寺（平安時代中期創建）、開基は大海人皇子とも大友皇子ともされる笠置山の頂に建つ笠置寺（笠置町）などである。考えてみれば最初の盧舎那仏《るしゃなぶつ》造立の地が紫香楽《しがらき》であったことも、これらのことと関連している。

　とりわけ笠置寺は、一五メートルもの高さの巨岩に刻まれた磨崖《まがい》弥勒仏《みろくぶつ》を本尊とする弥勒信仰（蘇り信仰）の中心で、末法に苦しむ人びとの心の拠所《よりどころ》になった寺であった。だから参詣者が絶えず、円融院や藤原道長なども参詣している。また鎌倉時代になると、興福寺から高僧貞慶が移り住み、鎌倉新仏教に対抗する旧仏教側の改革運動（戒律の復興）の拠点となった。そのなかで「四十九院」と呼ばれるほど多数の伽藍が立ち並び、十三重の塔も建立されるなど、寺勢は頂点に達した。

　東山中もまた人の往来の絶えないところだったのである。また、だから時として戦乱の巷《ちまた》ともなった。元弘の変（一三三一年〈元弘元年〉）のとき、後醍醐天皇は笠置寺を拠点に、鎌倉幕府軍と相対峙《あいたいじ》し、「四十九院」は焼け落ちた。

　本書では、「けいはんな」という場合、おもに平野部に視線を限って、その歴史を論じてきたが、以上のことを考慮に入れるとき、それでは当然不十分である。やはり山間部にも視線を注がなくてはならなかったのである。

　ただし、注いだ人がいなかったわけではなかった。哲学者和辻哲郎がいた。彼の描いた『古寺巡礼』のひとつの舞台は、浄瑠璃寺の建つ当尾《とうのお》地域であった。

八、茶の時代

煎茶の発明

一六一五年（元和元）、大坂夏の陣が終わると、徳川家康は「元和偃武《げんなえんぶ》」を宣言し、長い戦乱の時代に終止符を打った。そして応仁の乱後、戦乱を鎮めるために発達したさまざまな対話の技法が、今度は平和を維持するための「嗜《たしな》み」となって、社会に定着した。大名や公家たちは何かにつけ茶会や能会を催すようになり、優れた茶人大名も生まれた。

翻って、茶道や能楽への需要が京都とその周辺を潤した。茶道や能楽の技法を継ぐ家が生まれ、隆盛した。宇治には、公家や大名に茶を納める茶師と呼ばれる茶商が数多く現れた。今も茶舗として残る上林春松《かんばやししゅんしょう》家などは、「御物御茶師《ごもつおちゃし》」と称することを許された、最高位の茶師であった。

ただ江戸時代に入ると、対話を取りもつのに茶を必要とする人びとは、大名や公家といった上流階級に属する人たちだけではなくなっていた。一六四九年（慶安二）に出された慶安の御触書に、寺社参詣や物見遊山を好み、何かあると大茶を飲む女房は離縁せよとあったように、一七世紀中頃には、庶民のあいだにまで、喫茶の風習は広がっていった。庶民の茶需要に応える新たな茶が求められていた。そして一八世紀半ばに、大きな発明があった。京都宇治田原の人永谷宗円《ながたにそうえん》による「青製《あおせい》煎茶製法」の発明である（一七三八年〈元文三〉）。今日我われが一般に緑茶と呼んでいる煎茶の製法の発明であった。それまで茶といえば抹茶であったが、その常識を変えた。喫茶の文化を社会の隅々にまで行き渡らせるきっかけとなった。

宇治田原町にある地元の庄屋も務めた永谷宗円の生家　ここで宗円は煎茶（緑茶）の製法を発明した。

それまでの侘《わ》び茶と異なる、煎茶道という新たな茶道も生まれた。元は黄檗山万福寺《おうばくさんまんぷくじ》で修行を積んだ佐賀の人高遊外《こうゆうがい》（売茶《ばいさ》翁《おう》）が、それを創始した。侘び茶と異なり、自由闊達《かったつ》さを尊ぶ茶道であった。伊藤若冲や、池大雅、与謝蕪村など一八世紀を代表する芸術家たちが、彼のもとに彙集《いしゅう》した。そのなかには松平定信のような政治家もいた。

また永谷宗円が、山本山（茶と海苔を販売する江戸日本橋の商人）を頼り、「抹茶の壁」の低かった江戸に販路を求めたこともあり、茶の市場規模は急速に拡大した。幕末・維新期にかけて南山城一帯に、茶畑のある景観が広がっていった。永谷宗円自身、地域の名望家として、宇治田原や和束《わづか》における茶畑の拡大に大きな貢献をした。

そして幕末開港後になると、その景観がさらに拡大した。茶が生糸や石炭と並ぶ、日本の代表的な輸出品になったからである。山城一円の茶葉は、上狛《かみこま》の茶問屋街に集められ、そこから木津川・淀川・大阪湾を経て神戸港へ送られ、海外に輸出された。紅茶への加工も一部では試みられたが、大半は緑茶として輸出された。

高遊外（売茶翁、1675 ～ 1763） 黄檗山万福寺で修行を積んだ肥前出身の禅僧。修行ののちは故郷肥前に帰り活躍していたが、齢60歳を数えるころ、突如京都に上り、東山に通仙亭という「喫茶店」を開き、煎茶道を確立、その普及につとめた。茶道具を担いで市内を巡ったりもした。伊藤若冲をはじめ多くの文化人が彼の元に集まった。

世界史における茶の時代

さてそこで、世界史上重要な二つの出来事に目を向けておこう。ひとつは一七七三年に起きた、アメリカ独立戦争のきっかけとなったボストン茶会事件であり、もうひとつは、一八四〇年に中国（清）で勃発したアヘン戦争である。

前者は、茶に対する課税権をめぐるイギリス本国と植民地（マサチューセッツ州）の対立が頂点に達し、植民地人がボストン港停泊中の船舶を襲い、積荷の茶葉を海中に大量投棄した事件であり、後者は、中国からの茶輸入によって生じる貿易赤字を補う手段をもたなかったイギリスが、中国へのアヘン輸出に踏み切り、それに反発した中国（林則徐《りんそくじょ》）とのあいだに惹起《じゃっき》した戦争であった。イギリス近代史上、もっとも汚い戦争のひとつであった。

では、それらの出来事が示唆していることは何か。産業革命後、世界はそれ以前にも増して経済的結びつきを強め、まさに世界市場を形成していくが、その形成を牽引した商品のひとつがじつは茶であったということである。一九世紀イギリスで建造された快速帆船カティーサークは、まさに中国からイギリスに早摘《はやづみ》茶を運ぶために造られた船であった。開港後、神戸港を拠点に、茶の輸出が一挙に拡大するのも、当然のことであった。

しかし、それにしても一八・九世紀の世界において、それをめぐってアメリカ独立戦争が起きたり、アヘン戦争が起きたりするほどに、茶が重要な貿易品であった理由はなんだったのだろうか。

ヨーロッパの国々においても、応仁の乱後の日本同様、当時――というよりも一六世紀頃から――人と人との争いを鎮め、平和を維持するための、対話の技法の確立が強く求められていたからであった。その対話の技法の中核を占めたのが、日本同様、茶の文化、ティータイムの風習であった。

そこで想起しておくべきは、ヨーロッパ世界も、中世という時代は、国王など居てもなきがごとき封建社会（群雄割拠の社会）であったということである。だから国境を越えて戦乱が飛び火することもしばしばで、一六一八年から四八年までドイツを中心に戦われた三〇年戦争などはその典型であった。その封建割拠の状態を克服して、強大な王権（絶対王政）のもとに国家を統一すること、それが一六・七世紀以降のヨーロッパ諸国の課題となっていた。

だから、イギリスではエリザベス一世が生まれ、フランスではルイ一四世が生まれた。さらに一八世紀に入ると、国家をひとりの強力な王の下に統一するのでなく、一人ひとりの国民が取り結ぶ社会契約によって統合していこうとする動きさえ生まれた。

そうしたなかにあって、人と人との争いを鎮め、平和を維持するための対話の技法の必要性は、いやがうえにも高まった。とりわけティータイムの習慣は、イギリスを中心にさまざまな身分・階層に深く浸透し、膨大な茶需要を生んだのである。

かくて一八・九世紀の世界市場において、なぜ茶がそれほど重要な貿易品だったのか。それこそがさまざまな対話の技法を駆使して人と人が結ばれる近代国民国家を生み出すための「物質的基礎」だったからであった。

そして日本においても、喫茶の習慣の広がりとともに、国民社会の成熟がはじまっていた。江戸時代はまさにそのはじまりの時代であった。

老舗茶問屋（木津川市山城町上狛）

内田　忠賢

上狛《かみこま》集落には、茶問屋ストリートと呼ばれる、現役の茶問屋が四〇軒ほど並ぶ歴史的なエリアがある。ここには、最盛期には約一二〇軒の茶問屋があった。

明治時代、周辺で栽培される日本茶を仲買し、木津川水運を使って神戸港へ送り輸出した。上狛集落は当時、時代の最先端を走るグローバルな場所だった。集落の真ん中に山城茶業之碑（山城茶業組合一二〇周年記念碑）が立つ。茶業之碑の真北に、茶問屋の老舗、緑寿園がある。この茶問屋へ、奈良女子大学の学生たちとお邪魔し、ご主人の福井良樹さんにお話をうかがった。

茶問屋の一年は、二、三月に行われる茶業組合の総会からはじまる。そして五月から七月が忙しさのピーク。五月は新茶のシーズン。お茶を仕入れ、選別、加工、包装など、二か月ほど大忙し。その忙しさは、茶葉の仕上げ作業が続く九月まで続く。茶問屋の一年の締めくくりは一〇月一日の茶祖祭。茶祖明恵上人《みょうえしょうにん》を祀り、祭壇に今年のお茶を奉納し、感謝する。

現在の緑寿園の取り引き先は、京都・大阪の小売店およそ二〇軒。昔に比べれば、取り引き先は大幅に減ったという。近年のペットボトル茶の普及がおもな理由だそうだ。急須を使って日本茶を飲む人は激減した。

緑寿園のご主人を囲む奈良女子大学の学生たち

以前は、お茶を販売する苦労、茶農家と交渉、お茶を買い取る仕入れの苦労も多かった。茶農家では若い後継者がちらほら現れているが、茶問屋にはなかなか後継者がおらず、厳しい現状だという。歴史的、文化的に貴重な茶問屋が、なんらかの形で引き継がれることを望みたい。

九、「日本の美」の発見と『茶の本』――世界平和のために

岡倉天心の日本文化論

しかし、その成熟途上にあった日本の国民社会は、明治維新後、そのまま順調に成熟を遂げることはできなかった。急激な欧化の波に呑《の》まれ、侘《わ》び茶をはじめとする日本文化は、ことごとく社会的評価を下げてしまったからであった。

兎《と》にも角《かく》にも日本文化の価値の再発見が必要になった。そこでそれに取り組んだのが、廃仏毀釈によって破壊され、荒廃した、仏像や寺院の復興に取り組んだ、お雇い外国人教師フェノロサ（哲学・政治学）と、そのアシスタント、文部官僚岡倉天心（覚三）であった。一八八四年（明治一七）、古社寺宝物調査のために法隆寺を訪れたとき、彼らは、寺僧の反対を押し切って夢殿に眠る秘仏救世観音《くせかんのん》像の覆布《おおい》を解くが、それがその再発見のきっかけとなった。彼らは覆布を解かれた救世観音像の中に、「日本の美」の真髄を見たのである。以後日本文化に対する評価は逆転、上昇に転じた。

そして、一八九七年（明治三〇）には古社寺保存法が制定され、「日本の美」の復興が大々的にはじめられた。当然、「けいはんな」も復興の舞台となった。一時は「廃寺」（海住山寺《かいじゅうせんじ》）になったり「無住」（岩船寺《がんせんじ》）になったりしていた寺院が復興に向かい、古社寺保存法の制定と同時に、浄瑠璃寺《じょうるりじ》本堂・浄瑠璃寺三重塔・海住山寺五重塔などが次々と国宝に指定されていった。

ただそこで大事なことは、フェノロサや天心による「日本の美」の発見は、一度押し下げられた日本文化に対する評価の単なる見直しなどではなかったということである。日本文化の世界的使命を語る、創造的営為でもあったということである。それは、岡倉天心の日本文化のと

岡倉天心（1863 ～ 1913）　本名は覚三、福井藩士の子として横浜に生まれ、東京外国語学校、東京大学などで学び、1880 年（明治 13）文部省に入省、御雇外国人教師アーネスト・フェノロサを助けて日本文化の復興に努めた。1889 年には帝国博物館理事に就任、翌 90 年には前年開校した東京美術学校の初代校長に就任するなど、近代日本の美術行政の基礎を築いた。ただ、明治 30 年代に入ると、東京美術学校を排斥されるなど、美術行政の主流からは外れ、1898 年には菱田春草や横山大観らとともに、日本美術院を発足した。

らえ方のなかによく現れていた。

彼は美術史に大きな関心を寄せ、東京美術学校校長になっても、美術史の講義だけは他人に任せようとしなかった。その講義は、学生たちの講義ノートをもとに『日本美術史』などとして今に伝えられているが、そのなかで彼は、日本文化の特徴を、他に類をみないその固有性に求めるなどといったことをせず、繰り返しアジアの各地から日本列島に流入してきた優れた文明の蓄積と融合に求めた。

アジアのほかの地域では、繰り返される革命や戦乱によって破壊され、消滅させられることの多かったそれらの文明が、万世一系《ばんせいいっけい》の天皇をいただく、革命なき国体の日本においてだけは破壊されることなく残り、蓄積され、融合した。その融合の成果が日本文化だとした。そして日本を「アジア文明の博物館」という概念でとらえた。当然、念頭には正倉院御物があった。

そして逆に天心は、日本文化には他の文化にはない二つの特徴があると考えた。

ひとつは、元々アジアの各地から、さまざまな時代に流れ込んできた文明の蓄積と融合の産物なのだから、一見特殊にみえて、じつは普遍性をもつ文化だということであった。言い方を変えると、類似の文化を世界中に見いだすことのできる文化だということであった。

そしてもうひとつは、平和なればこそ育まれた文化だということ、すなわち平和愛好的で人間性豊かな文化(humanistic culture)だということであった。日露戦争後に出版した『茶の本』

（The Book of Tea）冒頭で次のように述べていたのは、そのことの謂《い》いであった。

西洋人は、日本が平和な文芸にふけっていた間は、野蛮国と見なしていたものである。しかるに満州の戦場に大々的殺戮を行ない始めてから文明国と呼んでいる。近ごろ武士道——わが兵士に喜び勇んで身を捨てさせる死の術——について盛んに論評されてきた。しかし茶道にはほとんど注意がひかれていない。この道はわが生の術を多く説いているものであるが。もしわれわれが文明国たるためには、血なまぐさい戦争の名誉によらなければならないとするならば、むしろいつまでも野蛮国に甘んじよう。われわれはわが芸術および理想に対して、しかるべき尊敬が払われる時期が来るのを喜んで待とう。

（岡倉天心、一九六一年）

ゆえに天心は日本文化を、帝国主義戦争の時代にあって、世界平和をリードする質をもち、その使命を帯びた文化ととらえたのである。それ

『茶の本』 岡倉天心が、日露戦争後の1906年（明治39）に、日本文化の普遍性を語り、ヒューマニズムに基づく平和の実現を、世界に訴えた書。『東洋の理想』などと同様英語で書かれ、ニューヨークで出版された。

が「日本の美」の発見の真の意味であった。

なお、そこで注意しておきたいのは、フェノロサにしても天心にしても、本人は画家でもなければ芸術家でもなかったということである。哲学者であり政治学者であり、官僚もしくは美術史家であった。彼らの「日本の美」の発見は、彼ら自身の芸術的感性から生み出された発見ではなかった。論理的思考の結果得られた発見であった。言い方を変えれば「つくられた発見」であった。だから極端に高邁《こうまい》であった。ただ時代は彼らの高邁な日本文化論を必要としていたのである。その高邁な日本文化論を、実際の絵画に直す力をもった菱田春草や横山大観のような天才が現れ、彼らに呼応したことが、その何よりの証拠であった。

世界平和を求めて

世界中が世界戦争の恐怖に怯《おび》えはじめている時代をどう生き抜くか、そのために必要な日本文化論を、彼らは模索し、創始したのである。それは、かつて、二度と応仁の乱のようなことが起きないようにするためにはどうしたらいいかを考え抜き、侘び茶や能楽といった優れた対話の技法を生み出した、一休宗純《いっきゅうそうじゅん》や村田《むらた》珠光《じゅこう》や金春禅竹《こんぱるぜんちく》の志向と通底していた。

一八九三年（明治二六）に、コロンブスの「新大陸発見」四〇〇周年を記念してシカゴ万博が開かれた。そしてそれは差し迫る世界戦争への人びとの恐れを反映して、いかにすれば世界戦争を回避することができるかをテーマにした万博となった。だから「万国宗教会議」なども開かれ、ヒンドゥー教の改革者スワミ・ヴィヴェーカーナンダの宗教的寛容の訴えが、世界中の人びとの心をとらえたりもした。その流れに天心らも棹《さお》さそうとしたのである。

スワミ・ヴィヴェーカーナンダ（1863 ～ 1902、写真中央）
インドのヒンドゥー教の出家者であり、社会活動家。1893 年（明治 26）にシカゴ万博に合わせて開かれた世界宗教者会議で宗教間の平等を唱え、岡倉天心も心酔した。

　だから天心は、インドへの強い関心を示し、ヴィヴェーカーナンダや、ラビンドナラート・タゴール（詩人・ノーベル賞受賞者）らとも積極的に交わった。『東洋の覚醒』などの著作は、その交わりのために書かれた。

　では、日本文化のもつ普遍性、平和愛好性、人間性を世界に訴え、世界平和をリードするために、天心の選んだシンボル的アイテムとは何だったのか。それが茶道（Teaism）であった。だから日露戦争の終わった翌一九〇六年（明治三九）、彼は『茶の本』を著し、ニューヨークで出版したの

である。そして、もう一度引用するが、

西洋人は、日本が平和な文芸にふけっていた間は、野蛮国と見なしていたものである。しかるに満州の戦場に大々的殺戮を行ない始めてから文明国と呼んでいる。近ごろ武士道――わが兵士に喜び勇んで身を捨てさせる死の術――について盛んに論評されてきた。しかし茶道にはほとんど注意がひかれていない。この道はわが生の術を多く説いているものであるが。もしわれわれが文明国たるためには、血なまぐさい戦争の名誉によらなければならないとするならば、むしろいつまでも野蛮国に甘んじよう。われわれはわが芸術および理想に対して、しかるべき尊敬が払われる時期が来るのを喜んで待とう。

（岡倉天心、一九六一年）

と宣言し、「茶道」を、一八九九年（明治三二）に新渡戸稲造《にとべいなぞう》が世界に紹介した「武士道」(Bushido:The Soul of Japan) と並ぶ、世界に知られた日本文化にまで高めたのである。

そして、その天心の目論見が一定の成功を収めたとき、明治維新で、大名や公家といったパトロンを失い、いったん衰勢に向かっていた茶道（茶の湯）自体も息を吹き返した。今日につながる発展の軌道を描きはじめたのである。

一〇、立憲制下の「けいはんな」

自治から立憲制へ

明治維新後、日本の目標は、一日も早く立憲政体を樹立し、諸外国から文明国としての承認を得ることであった。そしてそれは、「けいはんな」に視点を移してみたとき、山城国一揆以来培われてきた自治の伝統を、近代立憲制に接続することであった。ただそれには、当然のこととして困難が伴った。

日本が明治維新を迎える直前、アメリカでは南北戦争が起こり、時の大統領エイブラハム・リンカーンが、北軍の正当性を語るために、有名なゲティスバーグ演説（一八六三年）を行い、民主主義を人民の人民による人民のための政治（government of the people, by the people ,for the people）と定義した。今や日本人にもなじみの民主主義の定義である。しかし当時の日本にとって困難だったのは、人民の（of the people）人民のための（for the people）政治をどう実現するかであった。

人民による（by the people）政治は曲がりなりにも存在した。町や村の自治がそれであった。住民自身が地域の政治を担った。しかし、住民自身が担える政治の規模は小さかった。だから少し大きな規模の政治になると、特別な統治身分の人たち（公家や武士）がそれを担った。その公家や武士が担ってきた政治を、あたかも「人民」自身が担うかのごとく装うことが求められたのである。要は、統治に関わる人たちを身分によって選ぶのではなく、選挙のふるいにかけて選ぶようにしなくてはならなかったのだが、それは意外と困難だった。

地位を失う公家や武士の抵抗も大きかったが、何よりも、選挙によって選ばれようと選ばれまいと、町や村を超えた規模の社会の統治にあたる人たちを、自分たちと同じ「住民」や「人民」の仲間と見なすことに、人が慣れなかったからである。

イギリスにおいて、今なお、労働党であれ保守党であれ、下院であれ上院であれ、一国の政治を担う議員には、Sir や Lady の称号をもつ者が多いことを見てもわかる。卑小な例をもち出せば、日本においても、国会議員や府県会議員を呼ぶのに、いまだに人は「先生」と呼ぶ。統治を行う者は、どこまでも「支配者」なのである。

したがって町村を舞台に育まれてきた自治を、立憲政体に結びつけるためには、この現実を覆し、統治者を「住民」や「人民」の「代表」「仲間」としてとらえ直す感性の涵養《かんよう》がまずは求められた。詳しくはあとの八ヶ代美佳の論考を見ていただきたいが、だから立憲政体は、権力者が上から下賜する形で生み出すわけにはいかなかった。「住民」や「人民」が下から勝ち取る形で樹立しなくてはならなかったのである。

ゆえに維新後、とりわけ明治一〇年代に入るころから、自由民権運動が澎湃《ほうはい》として沸き起こった。明治六年の政変（征韓論争）をきっかけに維新の功臣の半ばが野に下り、その一部が民撰《みんせん》議院設立建白書の提出に踏み切ったことがきっかけとなった。京都府下においても、一八七五年（明治八）、与謝郡宮津町（現宮津市）において民権結社天橋義塾《てんきょうぎじゅく》が結成されると、それを皮切りに、次々と民権結社が誕生し、全国の自由民権運動のなかでも重きを占めるようになった。

南山義塾の碑　南山城を代表する民権結社であり、中等教育機関であった南山義塾の所在を記念する碑。同志社大学近くの公園にある。

「けいはんな」においてもご多分に洩れず、一八八一年（明治一四）綴喜《つづき》郡三《み》山木《やまき》村（現京田辺市）に天橋義塾を模して、南山《なんざん》義塾が設立された。演説会の開催など、国会開設に向けての取り組みと、教育の普及が図られた。

そしてそれが、一八八六年（明治一九）以降に起きた大同団結運動において、中身は相当に民権運動らしからぬものになったが——主義主張の違いを争うよりは小異を捨てて大同につくほうを重んじるようになった——広がりにおいて真に国民的広がりをもった運動へと発展した。一八八九年（明治二二）二月一一日の大日本帝国憲法の制定と、翌九〇年一一月二九日の第一回帝国議会開催はそれを踏まえた結果であった。

四民平等とイノベーション

そして、無理をしてでも立憲政体を樹立し、「支配者」を「身分」から「代表」「仲間」に置き換えたことの意義は大きかった。公家や武士のような特権的な身分を保持しておく必要がなくなり、四民平等が達成された。そして人びとが縦横にその才能を伸ばすことができるようになった。胎動は幕末からはじまり、それが日本の近代化を支えた。

我われは、明治以降の日本の近代化は、もっぱら西洋の科学技術を学ぶことによって成し遂げられたものと考えがちだが、それは必ずしも正しくない。それは、幕末から明治・大正にかけて行われた在来産業のさまざまな改善・改良の積み重ねがあって初めて実現した近代化でもあった。

それが証拠に、明治政府がもっとも力を入れた殖産興業政策は、さまざまなレベルの博覧会や共進会、とりわけ内国勧業博覧会（第一回から第三回が東京、第四回が京都、第五回が大阪）

の開催であった。つまり人びとの創意工夫を集め、比較・競争させることだったのである。また明治政府が、欧米で開かれる万国博覧会に対してつねに積極的であったのも、その在来産業における創意工夫を、世界市場に通用する創意工夫に高めるためであった。

ただし、幕末以来の急速な輸出の拡大は、さまざまな方面で粗製濫造の弊害を生んでもいた。「けいはんな」の特産品である茶も例外ではなかった。一八八三年（明治一六）には、アメリカで日本茶輸入禁止の動きが高まった。そこで、その粗製濫造の弊害をおさえ、さらなる輸出産業としての在来業の発展を期するために、幕末に廃止された「株仲間」の、同業組合としての復活なども、農商務官僚前田正名《まえだまさな》らの指導のもとに図られた。

一八八四年に同業組合準則が制定され、それに合わせて茶業組合準則が制定されると、各地で茶業組合が結成されるようになり、南山城においても相楽郡茶業組合が結成された。そして製茶改良が活発に行われるようになった。

こうしたことも、日本の近代化における在来産業の役割の大きさを示していた。

そして「けいはんな」とその周辺は、イノベーションの波に洗われた。

幕末のことではあるが、江戸の茶商山本山と組んだ宇治の製茶業者が、天保年間（一八三〇～四四）、高級煎茶「玉露」を発明した。永谷宗円《ながたにそうえん》による煎茶の発明に次ぐ大きな発明であった。

また、大和国山辺《やまべ》郡永原村（現天理市）に生まれた中村直三が、幕末以来、稲の品種改良に取り組み、一八八一年（明治一四）に開かれた第二回内国勧業博覧会に七四〇種もの稲種を出品するなど、日本を代表する稲種品種改良家として活躍した。そして群馬県の船津《ふなつ》伝次平《でんじべい》、香川県の奈良《なら》専二《せんじ》と並ぶ「明治の三老農」のひとりとなった。

江戸時代末、商品経済が発達するなかで、諸色高・米価安が進み、おのずから農業が商品作物の生産に偏り、米穀生産を疎かにするようになったために起きたのが天明の大飢饉であった。したがって米穀生産の強化は、近代日本にとって焦眉の課題であった。飢餓なき社会を実現することなく、あらゆる人間活動を自由に放任する近代社会の実現などありえないからであった。その課題に中村直三は応えたのである。そして「明治農法」と呼ばれる近代日本農業の基礎を築いた。農業において畿内を先進地域化させる礎を築いた。

また、少し「けいはんな」を南に離れるが、大和国吉野郡川上村に生まれた土倉庄三郎が、植林から育成・伐採・運搬までを一貫して行う近代的造林法を生み出し、それを全国に広めた。吉野の山林地主や山守に巨万の富が流れ込むきっかけをつくった。

さらには、南山義塾への出資なども含めて、地域の公共インフラの整備に積極的に取り組む名望家たちも現れた。とりわけ明治二〇年代に入ると、奈良鉄道（今のJR奈良線）や城河《じょうか》鉄道（今のJR学研都市線）などの鉄道の開設や、木津川の河川改修などに取り組む名望家が多数現れた。

祝園《ほうその》村村長など地域の要職を歴任した森島清右衛門などは、その代表的な人物であった。また時期は明治初年に遡るが、京都府が率先して取り組んだ、童仙房《どうせんぼう》（現南山城村）の開拓などに参加する人も多数いた。

身分制の制約から解き放たれた人びとのエネルギーは、すさまじいものであった。そのエネルギーがこの国と「けいはんな」の近代化を促進した。

森島清右衛門碑　幕末以来の豪農森島清右衛門の地域への貢献を顕彰すべく、1940 年（昭和 15）に立てられた碑。村長・農会長・信用組合長・相楽郡会議員・相楽郡農会長などの公職を歴任したこと、明治 20 年代以降奈良鉄道・城河鉄道の敷設を発企し沿線の開発に貢献したこと、1917 年（大正６）の木津川水害に際して、私財を投げ打って治水に努めると同時に、河川改修を帝国議会に陳情請願したこと、などを功績として掲げている。戦前期、名望家の活動の幅の広さがわかる。

一一、大正デモクラシーから第二次大戦後へ

社会運動の高揚

ただ、ではそのエネルギーの結果の繁栄が、即地域に政治的安定をもたらしたかというと、それはそうはいかなかった。山城国一揆以来の自治の伝統を有する地域だけに、民主主義の抱える本来的矛盾が、ほかのいかなる地域よりも先鋭に現れた。

先ほどリンカーンの演説を引用する形で、民主主義には三つの原則があるといった。「of the people」の原則と「by the people」の原則と「for the people」の原則の三つである。

その場合、「by the people」の原則を貫こうとすれば、当然地域の運営を、通常名望家と呼ばれる、経済的余裕のある人びとに委ねざるを得なかった。自治の伝統もそれを求めていたし、市制・町村制もそれを求めていた。市制・町村制が想定していた地方自治の担い手は、原則無給で働く名誉職と呼ばれる人びとであった。その任に耐えうるのは名望家層しかいなかった。

しかし、あと二つの原則、「of the people」の原則と「for the people」の原則は、時とともに、

貧しい人びとの権利要求の拠所《よりどころ》となっていった。とりわけ第一次大戦中から大戦後にかけての大正デモクラシー期と呼ばれる時代、それらを拠所にした、貧しい人びとの権利要求が異様な高まりをみせた。各地に労働組合や小作人組合が誕生し、労働争議や小作争議が頻発した。

ただ長年の自治の伝統をひく「けいはんな」の名望家層は、「by the people」の原則の担い手としての自負も手伝って、その高まりに容易に妥協することができなかった。ゆえに、山城国一揆以来の自治の伝統があればこそ「けいはんな」は、「by the people」の原則の担い手であった地主・名望家層と、台頭する社会運動がもっとも先鋭にぶつかり合う地域となったのである。京都帝国大学や同志社大学が存在し、勃興する社会運動に共鳴・加勢する知識人・学生に事欠かなかったこともそれに拍車をかけた。

山本宣治の墓　当局から「山本宣治の墓」とすることを許されず、「花屋敷山本家の墓」とすることで、ようやく建てることを許された。裏側には、殺される直前に彼が行った演説の一句が刻まれている。

一九二五年（大正一四）に綴喜《つづき》郡と久世《くせ》郡を舞台に起きた南山城（城南）小作争議の激しさは、その現れであった。またその争議を指導した山本宣治《やまもとせんじ》――京都帝国大学理学部講師などとして産児制限運動に取り組んだことがきっかけで左派の社会運動家に――が、一九二八年（昭和三）に実施された第一回普通選挙（第一六回衆議院議員総選挙）において労農党（無産政党の左派）から立候補して当選したこと、さらにはその彼が、一九二九年三月五日、治安維持法改悪（死刑の導入）に反対したがゆえに右翼のテロに倒れたことも、その現れだった。

では、その激しい「階級闘争」の時代は、いかにして終息に向かったのか。

戦後地方自治の役割

敗戦後、日本国憲法と地方自治法が制定・施行され、日本の地方自治から「by the people」の要素が大幅に取り除かれることによって、それは終息に向かった。名誉職自治の原則が廃止され、住民のあいだに存在した、納税の有無による「公民」と「住民」の区別もなくなった。全員が「住民」に統一された。またその一方で、農地解放により大きな打撃を受けた名望家層が、地方自治の負担から解き放たれたことも、その終息を早めた。

そして、地方自治から「by the people」の原則が取り除かれると、住民の自治への関与は、「for the people」の原則に照らしたサービスの受け手としての関わりに加えて、数年に一度行われる首長や議員の選挙への関わり――「of the people」の原則の確認――に限られることになるから、自治体の規模は、そのサービスの合理化を根拠にどこまでも拡大することが可能になった。

大規模市町村合併が次々と行われた。地方自治法施行段階では二一四あった京都府下の市町村が、町村合併促進法施行の翌一九五九年（昭和三四）には四四になり、平成の大合併を経た二〇〇七年（平成一九）には二六になった。当然「けいはんな」も例外ではなかった。直近の例をあげれば二〇〇七年に木津町と加茂町と山城町が合併して木津川市が誕生した。そしてそうした動きを背景に、戦前では考えられなかった規模の地域開発が次々と行われるようになった。関西文化学術研究都市の建設などはまさにその最大の地域開発であった。

元京都大学総長奥田東《おくだあずま》を座長とする関西学術研究都市調査懇談会の提言（一九七八年〈昭和五三〉）を受け、一九八三年に京都府・大阪府・奈良県と関西経済団体などによって設立された関西文化学術研究都市建設推進協議会を推進主体にして、八七年に制定された関西文化学術研究都市建設促進法に基づき建設された。

【参考文献】

井上満郎『京都　よみがえる古代』（ミネルヴァ書房、一九九一年）
岡倉天心『茶の本』（岩波文庫、一九六一年）
岡倉登志『「茶の本」の世界』（ちくま新書、二〇二四年）
門脇禎二監修『けいはんな風土記』（関西文化学術研究都市推進機構、一九九〇年）
小路田泰直『「邪馬台国」と日本人』（平凡社新書、二〇〇一年）
小路田泰直『「けいはんな」から日本史を考える――「茶の道」散歩』（敬文舎、二〇二三年）
小路田泰直『日本通史――津田左右吉・丸山眞男・網野善彦の地平を超えて』（かもがわ出版、二〇二四年）
坂本太郎・家永三郎・井上光貞・大野晋校注『日本書紀』（一）（岩波文庫、一九九四年）
鈴木　良『奈良県の百年』（山川出版社、一九八五年）
角田　栄『茶の世界史』（中央公論新社、一九八〇年）
西村さとみ『平安京の空間と文学』（吉川弘文館、二〇〇五年）
北條芳隆『考古学講義』（ちくま新書、二〇一九年）
保立道久『かぐや姫と王権神話――「竹取物語」・天皇・火山神話』（洋泉社、二〇一〇年）
水上　勉『一休』（中公文庫、一九九七年）
山田邦和『日本中世の首都と王権都市　京都・嵯峨・福原』（文理閣、二〇一二年）
横山久美子「岡倉天心の「Teaism」」（『日本史の方法』Ⅶ、二〇〇八年五月）
吉川真司他『京都府の歴史』（山川出版社、二〇一〇年）
和田　萃他『奈良県の歴史』（山川出版社、二〇一〇年）

各論

大久保徹也　長田明日華

内田忠賢　小菅真奈　八ヶ代美佳

斉藤恵美　田中希生

京都盆地の古墳築造動向――交通幹線と古墳築造地点の推移に注目して

大久保 徹也

一、はじめに

列島の東西を結ぶ重要な交通幹線が京都盆地を横切っている。北部九州から瀬戸内海と淀川水系（淀川・宇治川・瀬田川）を経て、さらに一方は琵琶湖を介して濃尾平野北部から中部高地帯へ、もう一方は木津川・鈴鹿川を辿り伊勢湾岸に至るルートだ。各々は山間の陸路を、あるいは太平洋沿岸を伝い、さらに列島の奥部まで東進する。

列島の地勢からみて、この他にも広く列島の東西を結びつける交通路として、北部九州から日本海沿岸に沿った交通幹線、あるいは九州東岸から四国南岸を経て紀伊水道を通過する太平洋ルートが想定できるだろう。そうした中にあって、気象条件などで交通が阻害されるおそれが相対的に少ないであろう京都盆地を通過する交通幹線がとくに重要な役割を果たしたものと想像する。

そこで本稿では、今述べた重要な交通幹線の存在に留意しながら、京都盆地の主要古墳を概観してみたいと思う。京都盆地の古墳および築造動向を考察した研究には分厚い蓄積がある。盆地北部の桂川右岸地域の古墳築造動向に注目した都出比呂志氏の一連の研究—たとえば古墳時代首長系譜の継続と断絶〈都出一九八八〉—は向日丘陵周辺の古墳群をケーススタディとして古墳時代そのものを論じるものであるし、盆地南部の諸古墳を概観し、またこれらをケーススタディに主として中期古墳の性格を論じた和田晴吾氏の研究〈和田一九八八・一九九四〉も重要な成果である。また近年盆地南北の主要な古墳群が、『乙訓古墳群』、『綴喜古墳群』の名称で国史跡に指定されたが、その過程であらためて両古墳群を構成する諸古墳の基礎データが手際よくまとめられた〈京都府教育委員会二〇一五・二〇二二〉。この二つの調査事業に並行して刊行された論説集〈広瀬・梅本編二〇一八・二〇二二〉もまた京都盆地の主要古墳の特質とそれらの築造動向を理解する上で大切だ。この他、ここで紹介する余裕がないが、多岐にわたる重要な個別論考が蓄積されている。筆者はこれらに多くを学びつつ本稿を草した。

二、京都盆地を横断する列島交通幹線と〝京都盆地ジャンクション〟

南北約三八㎞、東西最大一一㎞程の広がりをもつ京都盆地は、中央やや北寄りを概ね東北東から西南西に向けて横断する宇治川によって南北に分かたれる。琵琶湖から発する宇治川に、亀岡盆地の奥部から流下する桂川、伊賀盆地の東部から京都盆地の南端に抜け北進してきた木津川などが合わさり、最終的には大阪湾の北縁部に注ぎ込む。集水域が広く流量の豊富な諸河川が盆地に流れ込むのだが、天王山と男山が向き合う狭い出口に遮られ、合流部の周辺に広大な滞水域（巨椋池）が形作られた。合流する諸河川と滞水域は盆地を分断するが、一方でそれらの水系は、人（および情報）と物資が行き交い、列島の東西を結ぶ重要な交通幹線として機能した。

宇治川そのものは東方では琵琶湖を介して北陸諸地域や濃尾平野に連絡し、西方では河口・大阪湾から広く瀬戸内海一帯に続いてゆく。さらに伊賀の山間地帯で鈴鹿川に接して伊勢湾岸に通じる木津川と、亀岡盆地の奥部に発して山陰方面に連絡する桂川がこの地で合わさる。こうした地理的条件からは、列島各所を東西に、また南北につなぐ複数の交通幹線の「ジャンクション」的役割を京都盆地の諸河川合流部が担うこととなった。

じっさい近年豊富に蓄積されつつある発掘調査の所見からは、各河川流域、とくに合流部や滞水域縁辺に弥生時代後期の後半期から急速に多くの集落が成立したことが明らかにされた。またそうした集落遺跡の一つ、久世郡久御山町佐山遺跡などの出土土器を詳細に検討した高野陽子は古墳時代初頭頃には、西は瀬戸内各地や山陰諸地域、東は東海・北陸諸地域の土器がこの地域に流入していることを確認し、「遠隔地を結ぶ列島規模の東西地域間交流の高まりにより、河川交通の重要性が増した」姿をそこに見出している〈高野二〇二二〉。また一瀬和夫も滞水域（巨椋池）周辺の諸遺跡を検討して、この地が果たした流通幹線としての意義を強調する〈一瀬二〇二一〉。

実際に、この場に持ち込まれた伊勢湾岸産土器や、点数は少ないが西方の吉備産あるいは阿波産土器といった遠隔地の産品は、それらを携えてここを訪れた人々の存在を示す。また、たとえば伊勢湾岸土器が瀬戸内海沿岸からさらに西方にまで及んでいる事実は、京都盆地の交通幹線が列島東西をつなぐ長距離交易に果たした役割の一端を物語る。こうした各地産品の長距離移動をバケツリレー式交換の連鎖とみる意見もないわけではないが、多分に偶然性に依拠した捉え方に筆者は賛同しかねる。この時代には物品に限らず様々な情報もまた長駆する各地の交易者や仲介者を通じて広く列島各所に浸透したと考えられる。

また各地産の土器類とともに、それを他所で模倣した製品の存在も知られている。瀬戸内海沿岸の岡山県高下遺跡や兵庫県川島遺跡などの事例では故地の器のスタイルを求める高松平野の移住者グループが技術者を招聘してこれら居留地の需要を充たした様が知られる。京都盆地で見出される模倣土器類の背後にも、そのような、故地との関係を保ったままここで活動する居留者の存在を想定して良いかもしれない。

京都盆地を横切る交通幹線は広汎な諸地域にとって不可欠な回路である一方、広く列島各地の諸グループが行き交い、この場は交易など経済活動の舞台であるから、その利害が交錯し衝突する公共的な空間の性格を帯びた。そうなるとローカルな一政治勢力がこの場を管理することは困難であろう。

三、京都盆地の主要古墳、その推移

ところで古墳という構築物が単なる土の山ではないことよく知られている。多くの場合、立体的に造形した墳丘に礫《れき》を敷き詰めてその外表を覆い、また埴輪を立て並べる。異常なまでに外観を飾りたてた、その意味ではデコレーションケーキを彷彿とさせる墳墓といえる。さらにその形を際立たせるために墳丘の周辺を整地し周濠を巡らすこともある。こうした古墳という墳墓の基本的なあり方は、造墓地点の選定にも大きく関わる。この装飾過多な外観を誰に対して誇示するのか、その目的に沿って造墓地点を決定していることは間違いない。

また古墳は前方後円形、円形、方形などの形に意図的に作り分けること、そしてその各々について極端なサイズの差があることもよく知られている。もちろん、それぞれが任意に形を選ぶのではないし、単純に動員可能な築造労働力の多寡で古墳のサイズを決定するわけでもない。古墳の形とサイズには重要な政治関係上のメッセージが込められている。造墓者がある政治勢力に属し、そこで与えられた役割や地位に応じて特定のサイズと形態の古墳を築く、と考えられる。したがって古墳はその外観を以て造墓者の政治的な地位と職掌を表現するものであるし、同時に彼が帰属する政治勢力の存在や構成を誇示するものでもある。そうした意味から、古墳の本質的性格を政治的モニュメントと捉えることができるのである。

ところで、古墳時代の当初から、特定の単一の政治勢力が列島の広い範囲を掌握したわけではなかった。政治的地位を、意図的に作り分けた墳墓で体系的に表示する、という古墳の本質的部分を共有しながら、各地の政治勢力が各々で独自的な表示体系を組むことが、しばらくの間は続いた。階層的にどこまでを、あるいは職掌の違いをどの程度まで表示体系に組み込むか、また古墳のサイズと形態の類型をどこまで細かく設計しておくか、という点も一様ではない。そうした点も含めて以後の時期とはまた違う、古墳の多様なありかたが読み取れる期間が古墳時代の初期にはあった。逆にみれば、複数表示体系の並立関係が解消してゆく過程に列島の政治的統一の進展が反映されているわけである。

その後、古墳時代の終わりごろには古墳に決定的な変質が生じ、それまでと同じ意味の政治的モニュメントの役割を果たさなくなる。この点については後節であらためて触れることとしたい。

前置きが長くなりすぎた。ここからは京都盆地の古墳のあり方をみてゆこう。そこで注意しておきたいのは交通幹線、京都盆地〝ジャンクション〟と古墳の位置関係だ。ここで誰が、いかなる立場において、何時からその存在を誇示しようとしたのか。

以下では和田晴吾氏が提示した古墳時代の一一期区分〈和田一九八七〉に依拠して各古墳の築造時期を整理する。また前方後円墳の廃絶以後、なお大形の横穴式石室を内包した古墳が盛んに築かれるおおよそ飛鳥時代の前半期を加えておく。この間に築かれた主要古墳を築造時期と地域を分けて示した編年表を図1に掲げておこう。さらに一二期を大きく四段階に分けてこの間の推移を概観したい。

第一段階は和田編年一・二期（古墳時代前期前半）、第二段階は和田編年三～五期（古墳時代前期後半～中期初頭）、第三段階は同六～八期とし、これを前半（同六期）と後半（同七・八期）に分けておく。最後の第四段階は和田編年九期～飛鳥時代前半とし、内包する横穴式石室の飛躍的な大形化――これは古墳の決定的な変質を意味する――が観察される和田編年一一期以降（第四段階後半）と、それ以前に（同前半）に分けておこう（第1図）。おおよそのところ第一段階は三世紀後半～四世紀前半、第二段階は四世紀後半～末、第三段階が五世紀前葉～後葉、第四段階が六世紀前葉~七世紀前半に相当するだろう。
また主要古墳の大局的な分布状態に留意して京都盆地を幾つかの単位地域に分けて話を進める。まず宇治川（および滞水域）を境に、京都盆地を南北に分けた上で、それぞれを三分し全体で六つの地域を設定する。なお各地域にはやや複雑な消長が観察される複数の造墓グループが内包される。さて六つの地域を、北部では西から桂川右岸、同左岸、巨椋池東・北部、南部は木津川左岸、同右岸（巨椋池南方）および盆地南部の木津川湾曲部と呼んでおこう。

第一段階（第2図）
この時期は前方後円墳が登場する古墳時代の初期段階である。京都盆地の主要古墳としては椿井大塚山古墳（前方後円一七五ｍ）、元稲荷古墳（前方後方九四ｍ）、五塚原古墳（前方後円九一ｍ）、西山1号墳（前方後方八二ｍ）を挙げることができる。この期に築かれた古墳は限られるが、いずれも大形の前方後円墳か前方後方墳である。
さて肝心の造墓地はいずれも交通幹線から離れている。この時期最大の椿井大塚山古墳は盆地南端近くで、木津川を見下ろす丘陵上に築かれ、幹線交通路からは遠く隔たっている（補注一）。淀川右岸地域の五塚原古墳と元稲荷古墳も宇治川や宇治川・桂川の合流部から各々五.五㎞、五㎞ほど遠ざかる。木津川右岸（巨椋池南方）地域の西山1号墳は宇治川滞水域（＝巨

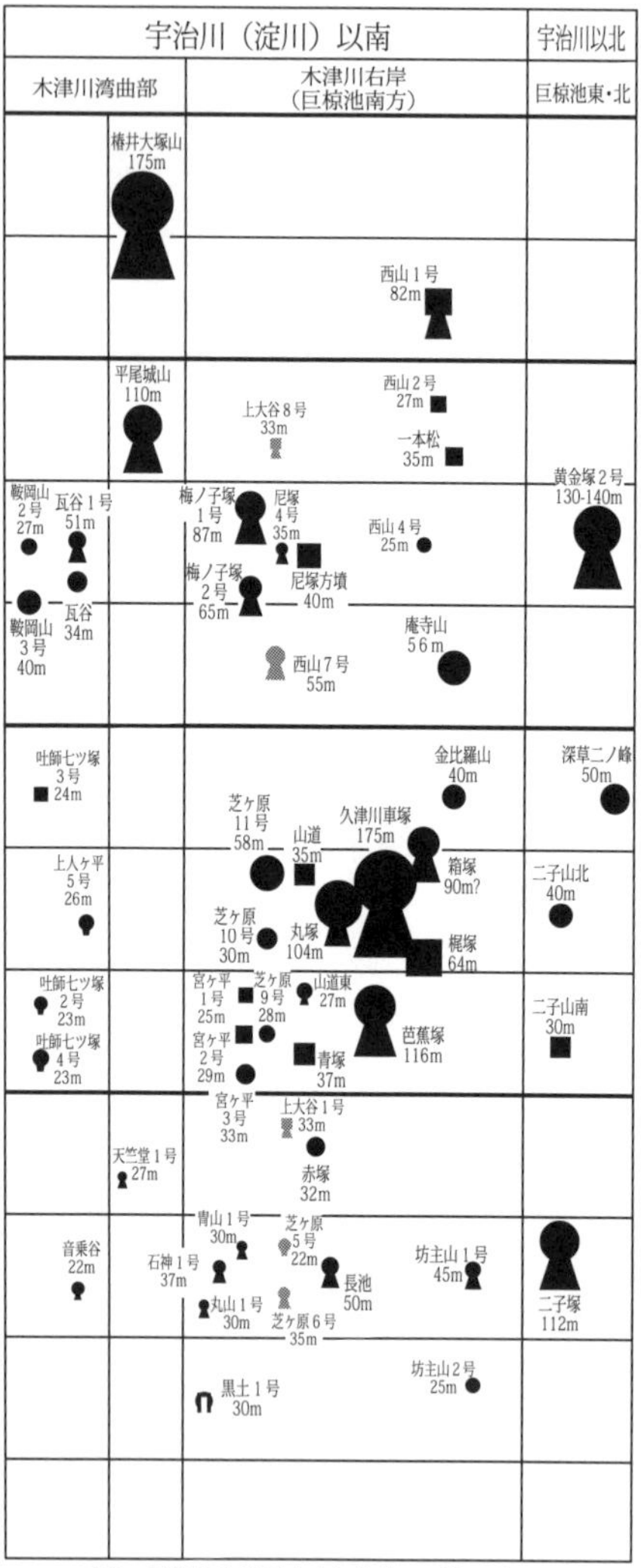

宇治川（淀川）以南
宇治川以北
木津川湾曲部
木津川右岸
（巨椋池南方）
巨椋池東・北
椿井大塚山
175m
西山1号
82m
平尾城山
110m
上大谷8号
33m
西山2号
27m
一本松
35m
黄金塚2号
130-140m
鞍岡山
2号
27m
瓦谷1号
51m
梅ノ子塚
1号
87m
尼塚
4号
35m
西山4号
25m
梅ノ子塚
2号
65m
尼塚方墳
40m
瓦谷
34m
鞍岡山
3号
40m
庵寺山
56m
西山7号
55m
吐師七ツ塚
3号
24m
金比羅山
40m
深草二ノ峰
50m
芝ヶ原
11号
58m
久津川車塚
175m
山道
35m
上人ヶ平
5号
26m
箱塚
90m?
二子山北
40m
芝ヶ原
10号
30m
丸塚
104m
梶塚
64m
吐師七ツ塚
2号
23m
宮ヶ平
1号
25m
芝ヶ原
9号
28m
山道東
27m
二子山南
30m
吐師七ツ塚
4号
23m
宮ヶ平
2号
29m
芭蕉塚
116m
青塚
37m
宮ヶ平
3号
33m
上大谷1号
33m
天竺堂1号
27m
赤塚
32m
青山1号
30m
芝ヶ原
5号
22m
音乗谷
22m
石神1号
37m
長池
50m
坊主山1号
45m
二子塚
112m
丸山1号
30m
芝ヶ原6号
35m
坊主山2号
25m
黒土1号
30m

灰色：時期比定が不安定な古墳　　：大形石室墳

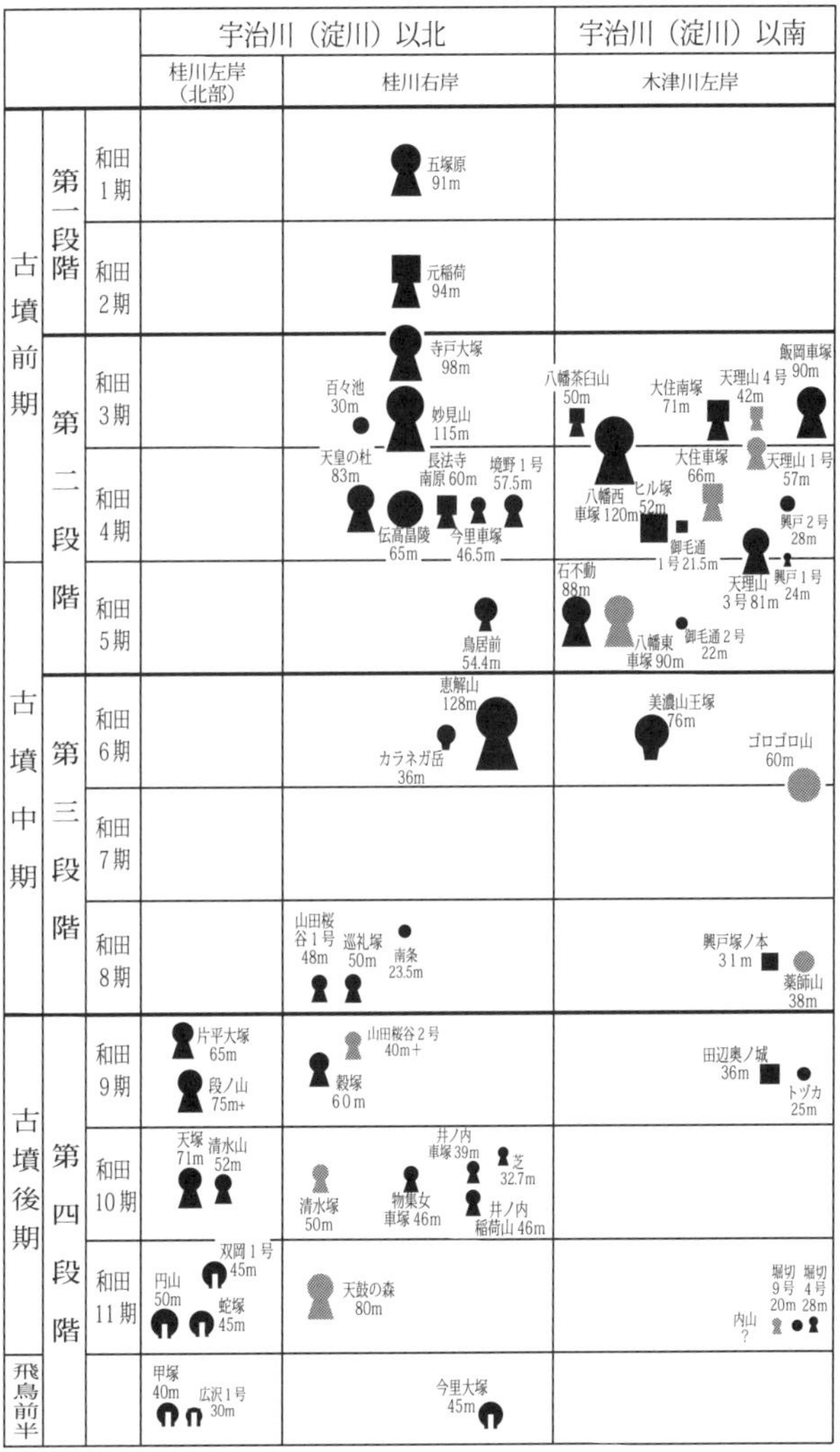

第１図　京都盆地の主要古墳編年表

椋池）から三km弱の位置で他に比べて近いといえる。しかしこの古墳は宇治川南東の高雄山丘陵の北西麓に位置する。北よりの麓部に築けば幹線交通路を眼下に収める位置となるが、そうはしない。やはり交通幹線への積極的な接近を遠慮している。このように第一段階の主要古墳は交通幹線から距離をおく地点を選んでおり、こうした立地がこの段階の特質といえる。

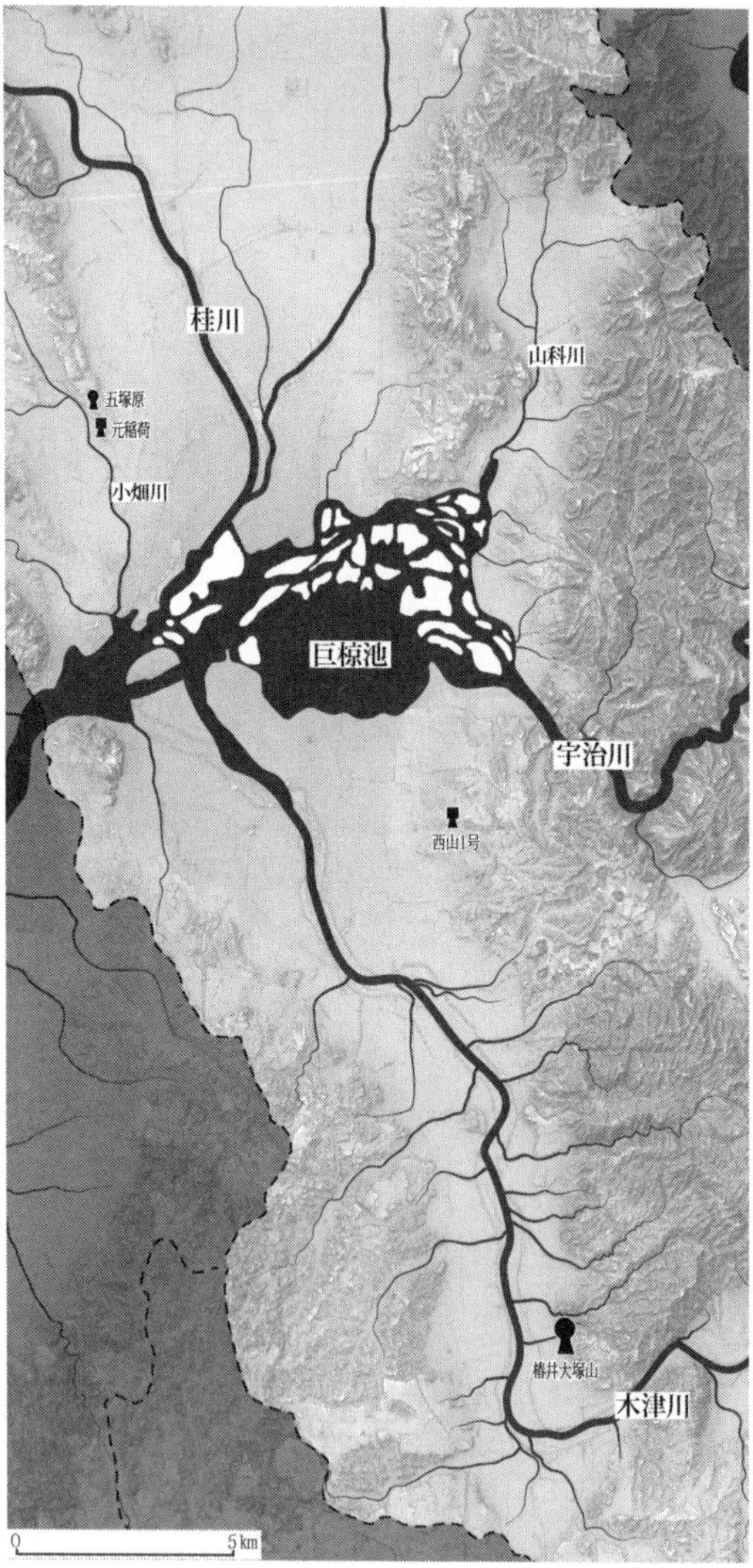

第２図　京都盆地の主要古墳（１）第一段階

第二段階（第3図）

中・大形古墳が飛躍的に増える段階である。前方後円（方）墳は少なくとも二〇基前後を数える。墳長一三〇―一四〇mの黄金塚2号墳や一二〇mの八幡西車塚が築かれる一方で、墳長五〇m前後の瓦谷1号墳や今里車塚古墳といった第一段階にみられなかった小形の前方後円（方）墳もこの段階に登場する。築造数の急増と連動した築造規模差の拡大は、まず以て、この時期に前方後円墳など造墓者の裾野が広がったこと、つまり築造層の下方拡張を意味する。さらに意図的に前方部を省略した円・方墳、あるいは極端に矮小化した帆立貝式古墳というような新たな墳丘形態がこの段階には加わる（補注二）。円墳では径六五mに達する伝高畠陵古墳、方墳では辺五二mを測るヒル塚古墳のように八〇～一〇〇m級前方後円（方）墳の主丘サイズに匹敵する規模の古墳もここに含まれている。こうした変化は、古墳というモニュメントの形で存在を表示すべき層の拡大を示し、サイズと規模の多様化は、そこに組み込まれた造墓者の格付けやあるいは分掌内容の違いを表示する意図があるだろう。そうしてそれは政治勢力・秩序の発展＝機構的整備を意味すると理解したい。都出比呂志氏はこうした古墳のありようを「前方後円墳体制」と表現した〈都出一九九一〉（補注三）。

さて古墳の急激な増加は、とくに盆地南部においてその分布を濃密なものとした。その中で大形前方後円墳が造墓地を交通幹線近くに選定していることに注意したい。一つは木津川左岸地域で、宇治川と木津川・桂川が合流する地点を見下ろす男山に八幡西車塚古墳、石不動古墳（前方後円八八m）などが築かれる。もう一つは滞水域・巨椋池の北側で、宇治川・山科川合流部を見下ろすように黄金塚2号墳が築かれる。なお早くに破壊され詳細は不明だが、隣り合う位置の黄金塚1号墳も近い時期の一〇〇m級前方後円墳であった可能性が指摘されている。

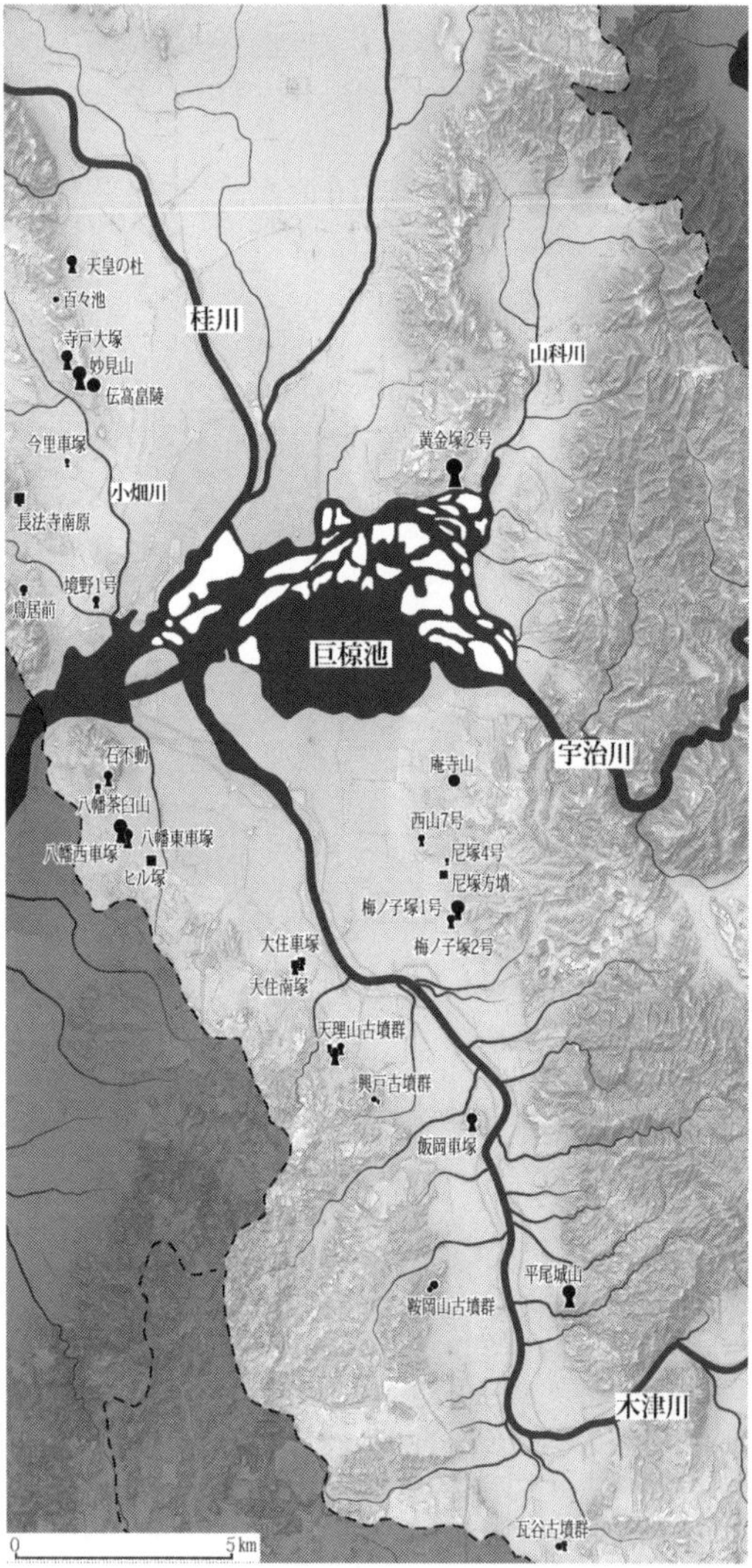

第３図　京都盆地の主要古墳（２）第二段階

桂川右岸地域でも中形前方後円墳がこの時期、その南端に築かれている。
前段階にはなかった地点に進出したこれらの大形前方後円墳を積極的に評価すれば、この段階にいたってようやく、大形前方後円墳に象徴される政治権力が交通幹線の運営に関与を始めたと理解しておきたい。後節であらためて述べるように、この変化の背景には政治権力の重要な成長があると考えている。

第三段階（第4・5図）

有力古墳と交通幹線の関係は第二段階と異ならない。有力古墳のあり方から見て、交通幹線に関与する政治権力の構成が、この段階に生じた変化である。第三段階を前後に分けてこの変化を追いたい。

第三段階前半期には桂川右岸地域の大形前方後円墳、恵解山古墳（前方後円一二八ｍ）が、宇治川・桂川合流地点にほど近い地点に築かれる。木津川左岸地域その他でも美濃山王塚古墳（造出し付円墳七六ｍ）や、深草二ノ峰古墳（円五〇ｍ）というように大形の古墳は存在するが、この時期には恵解山古墳が盆地で唯一の前方後円墳である。第二段階に一定数が観察された中小形サイズの前方後円墳は全く姿を消し、円墳や方墳なども減る傾向にある。どうも急速に古墳築造の淘汰が進んでいる。そして桂川右岸地域では恵解山古墳等が残り、木津川左岸地域では造出し付円墳の美濃山王塚古墳、あるいはゴロゴロ山古墳が、木津川右岸（巨椋池南方）地域では中形円墳、金比羅山古墳、巨椋池東・北地域では大形円墳、深草二ノ峰古墳が残る。このようにして地域単位の淘汰が進むわけだが、同時に大形前方後円墳の恵解山古墳と中・大形円墳と化した地域単位の有力古墳という構成で平野レベルで序列関係が生じている。そうして

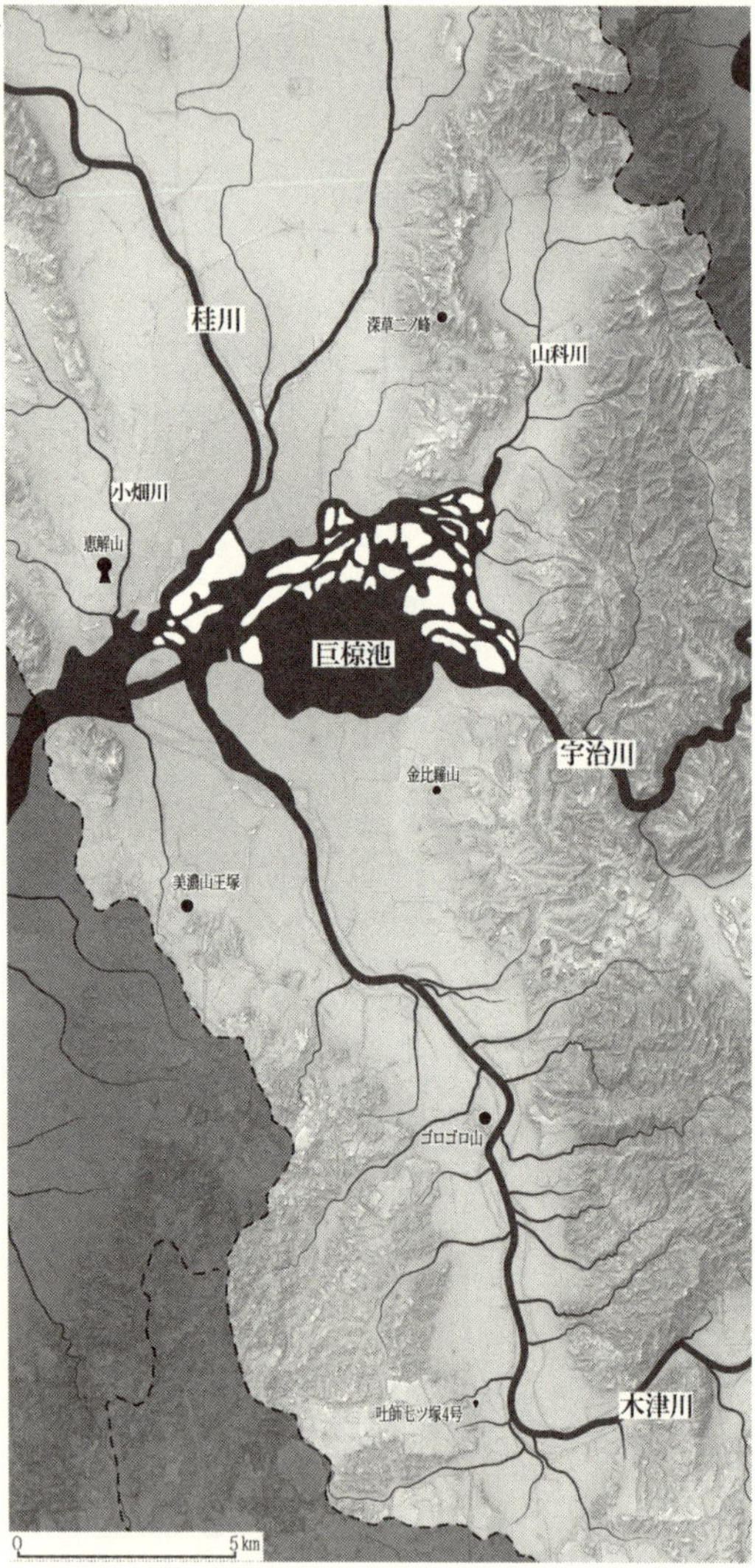

第４図　京都盆地の主要古墳（３）第三段階前半

盆地唯一の前方後円墳となった恵解山古墳が単独で幹線交通路の間近に君臨する形である。

さて第三段階の後半期には木津川右岸（巨椋池南方）に久津川古墳群が形成される。およそ一km四方の狭い範囲に大形前方後円墳、久津川車塚古墳一七五mを筆頭に計三基の前方後円墳と大形〜中形円墳（含む造出し付）五基、大形〜中形方墳五基などが集中して築かれる。第三

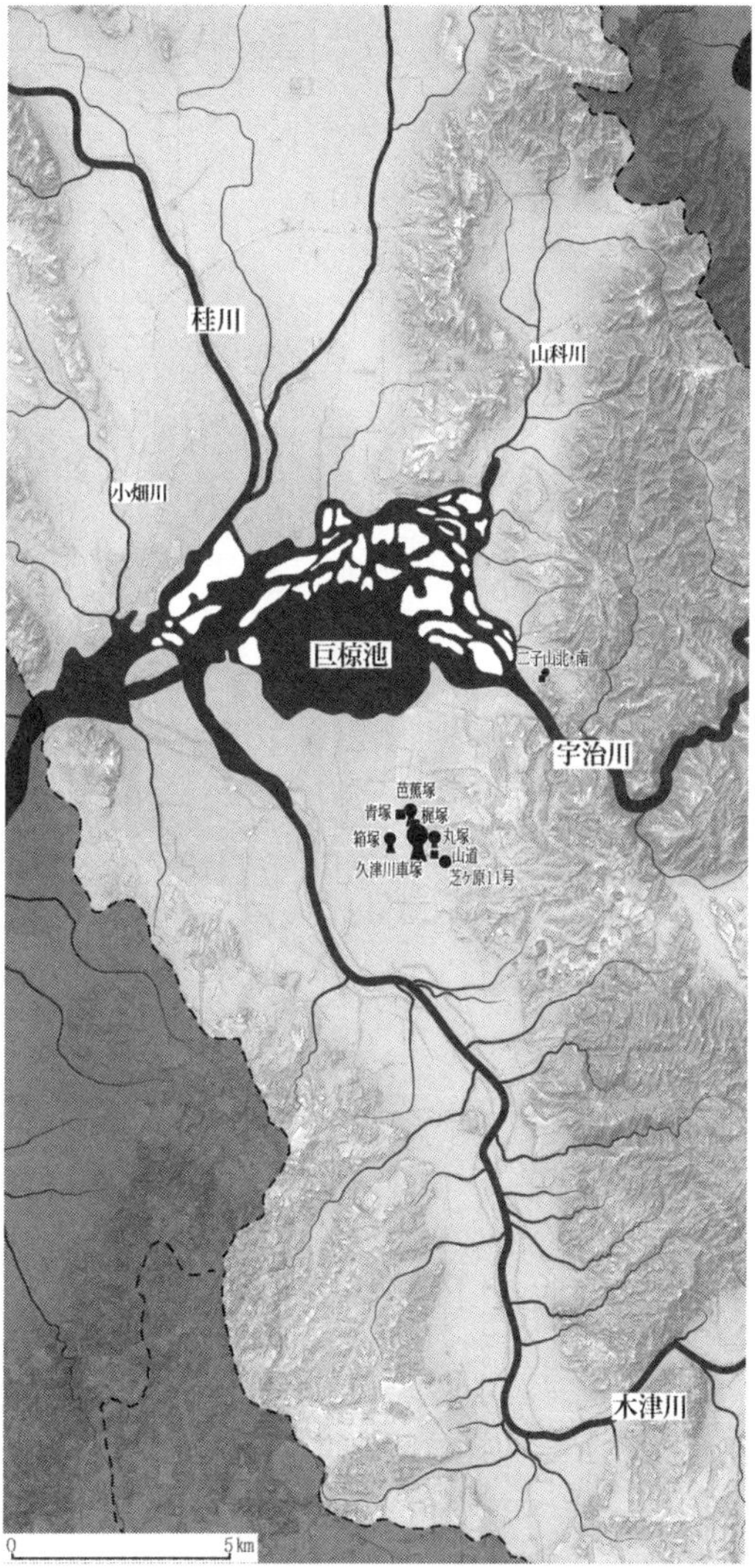

第５図　京都盆地の主要古墳(4)第三段階後半

段階の前半期には地域毎に分かれて築かれていた中形・大形円墳はほぼ姿を消し、代わって京都盆地一円の有力古墳が古墳時代を通じて盆地最大の大形前方後円墳・久津川車塚の周囲に侍るかの如くここに集約される。前半期に生じた平野レベルの序列化がいっそう強化され、その様を一目で見渡せる景観がこの古墳群では演出されている。なお今述べた久津川古墳群の構成は同時期の古市古墳群や百舌鳥古墳群などの構成と基本的には異ならない。奈良盆地の佐紀古墳群も同様であって、この他にも吉備の造山古墳群や大阪湾南端の淡輪古墳群などを挙げることができる。これらの少なくとも一部はやはり交通幹線を意識したと思われる位置を選び営まれる。百舌鳥古墳群は瀬戸内海最奥部、大阪湾の真正面に位置し、淡輪古墳群は大阪湾岸から紀伊水道を経て四国南岸、あるいは紀伊半島を廻って伊勢湾に至る航路の起点に近い。また造山古墳群は瀬戸内海北岸に沿った内陸路沿いにある。

さて久津川古墳群は滞水域（巨椋池）の推定南辺から三㎞前後隔たる。幹線交通路からやや距離をおくように感じられなくもない。しかしこの間に視界を遮るような自然的障壁はなく、これだけの古墳群を収容する場の確保を考慮すればこの距離はやむを得ず、大形前方後円墳を核に諸古墳が林立する姿を交通幹線に強く誇示するものであっただろう。

第四段階（第6図）

久津川古墳群は遅くとも和田編年八期のうちに大形古墳の築造を停止し、その形成を終える。その後、間を空けて和田一〇期に少し離れた巨椋池東・北地域の一角に宇治二子塚古墳（前方後円一一二m）が築かれる。宇治川から約〇．七㎞しか離れず、やはり交通幹線を意識した選地である。この時期の前方後円墳としては大形ではあるが、久津川古墳群のように周囲に円墳や方墳を侍らすことはなく単独で立地する。宇治二子塚古墳を最後に、交通幹線沿いの地を選ぶ有力古墳は跡を絶つ。

ところで久津川古墳群の終焉と相前後するように桂川右岸地域の北部では二基の小形前方後円墳、山田桜谷1号墳四八m、巡礼塚古墳五〇mが築かれる。続く九期から一〇期にかけて一旦、盆地各所で小形前方後円墳の築造が目立つようになる。墳長三〇m未満の極小サイズ前方後円墳も少なくない。少し大きい円墳を下回る規模で、前方後円墳が最も格式の高い形態と位置づけられ、その大形化が著しかった第三段階にはありえないものであった。

小形前方後円墳の簇生現象は、古墳に込められた造墓者の序列を表示する体系が崩れ、いわば墳丘選択が自由化したようにみえる。そのことと対応するように交通幹線から離れてゆくことは興味深い。

その後、第四段階の後半（和田一〇期〜飛鳥時代前半）には、有力古墳は盆地北西部（桂川右岸・左岸北部）に集中する傾向を強める。和田一一期～飛鳥時代前半には巨大な横穴式石室を内包する大覚寺円山古墳（円五〇ｍ）や蛇塚古墳（円四五ｍ）等がある。これらは桂川扇状地のやや高台にあって少なくとも盆地の北部一帯を睥睨するような位置にあるが、交通幹線からはひどく隔たっている。桂川右岸には準じた規模の大形石室墳である今里大塚古墳（円四五

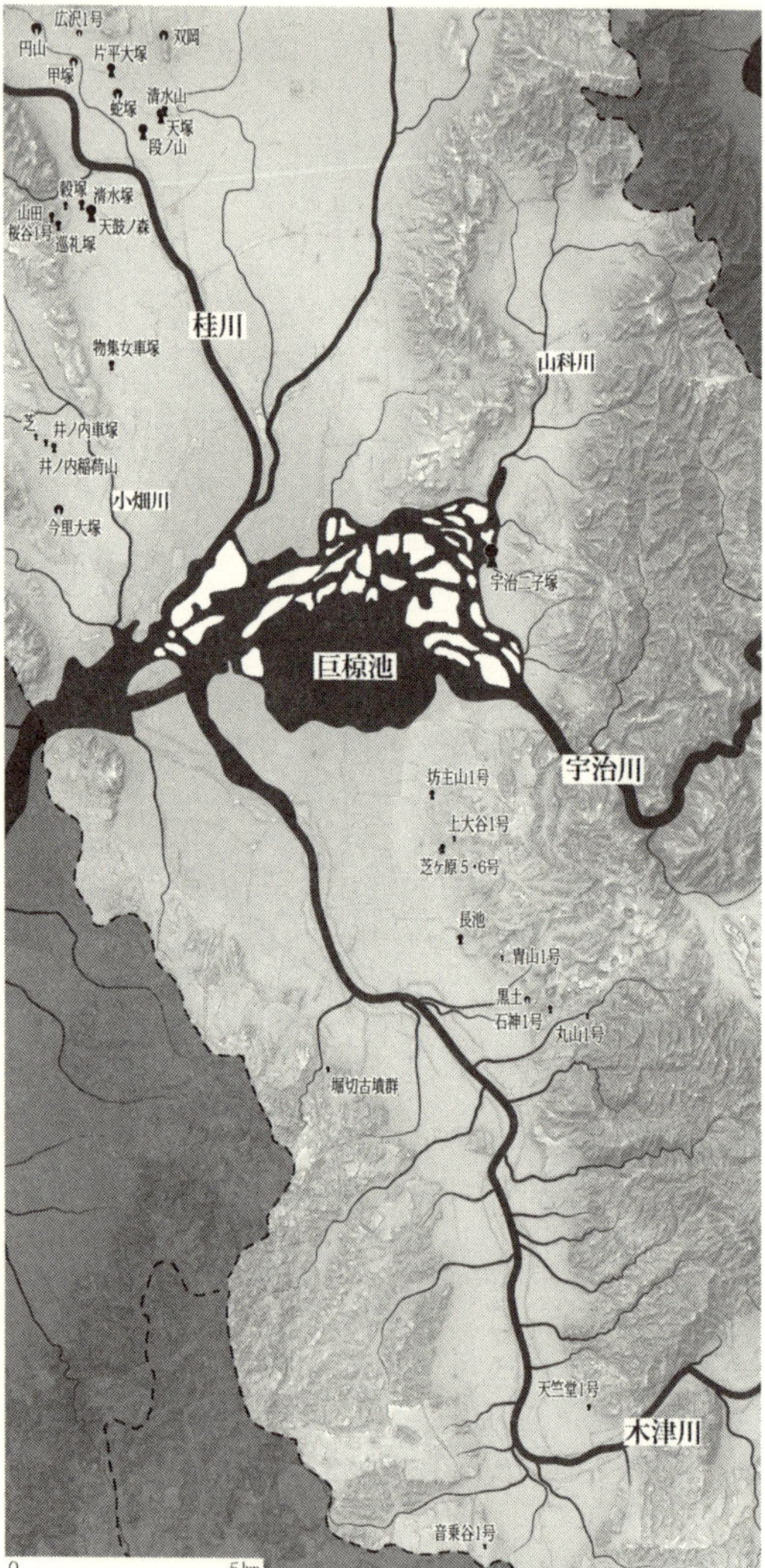

第６図　京都盆地の主要古墳(5)第四段階

m）をみるが、宇治川からは離れており、やはり交通幹線に君臨した第二・第三段階とは違っている。

四、おわりに　列島交通幹線と政治権力　政治的記念物〝古墳〟

巨大な前方後円墳という政治的モニュメントは奈良盆地の勢力が創り出した。最初期の箸墓古墳二八〇mなどだ。この新しい墳墓様式は急速に列島諸地域の墳墓スタイルに影響を与え、またこうした巨大なモニュメントを以て政治権力の所在と偉容を象徴的に表現する手法も広がった。奈良盆地を本拠地とする政治勢力がこの時期の列島社会において最も優勢な政治勢力であったことは間違いない。

しかし各地の古墳を詳しくみていくと、政治的モニュメントとしての墳墓スタイルは奈良盆地の前方後円墳と同形的なものが多いが、それが指し示す意義が異なっていることがまま見受けられる。奈良盆地では政治勢力の中核メンバーの権威を表現するモニュメントとしてこの墳墓スタイルを考案しており、結果、少数の巨大な前方後円（方）墳だけが築かれる。しかしたとえば中部瀬戸内南岸の讃岐地域では、この時期に最も格式の高い墳墓スタイルは双方中円形を呈し、奈良盆地周辺にはない墳長五〇m未満の小形前方後円墳を多く築く。ここでは前方後円墳は地域的な政治勢力に参集する裾野の広いメンバーの連帯を象徴するモニュメントであり、その盟主的存在は双方中円形の墳墓を以て表現された。山陰地域でも弥生墓のスタイルを汲む方墳が最上位の墳墓形態で、前方後円墳などはその下位に連なる存在であったとみられる。吉備地域や播磨地域では奈良盆地のそれに準ずる大形の前方後円墳・前方後方墳が存在する一方で、先に挙げた讃岐地域と同じように広い裾野を中小形の前方後円墳・前方後方墳が形作っており、やはり奈良盆地と同一視することはできない。

古墳というモニュメントがその形態とサイズからある政治勢力の構成（の少なくとも一部）を象徴的に表現するものであるので、今挙げた差異は重要だ。この時期の列島社会には大小優劣の、複数の政治勢力が並び立つ状態が想定されるからである。

京都盆地の主要古墳の形態とサイズは奈良盆地のそれに即しているから、奈良盆地に拠点をおく政治勢力に属しているとみてよい。しかし上に述べたように、それが最も優勢な政治勢力であるにしても、列島社会全体をまとめ上げる単一の政治勢力にはまだ至らず、その本質はなおローカルなグループである。筆者はここに魏志倭人伝の記述を想起する。魏王朝から邪馬台国は、倭人社会に形成されつつあった三〇余の政治ブロックの中で最も有力な「国」と認められ、女王卑弥呼は倭人種族の代表者として『親魏倭王』の称号を得ている。しかし彼女は倭「国」王ではなく、そこにはまだ倭人社会が単一の政治ブロックに編成されていないと捉える外部の認識が込められている。

第一段階における主要古墳の造墓地と交通幹線との距離感、そのよそよそしさは、政治勢力の未熟さを反映する。最も有力な政治勢力であっても、列島各地のグループからは、この重要な交通幹線の管理を託すに値する存在と認められていない状況を反映すると考える。

第二・第三段階にようやく交通幹線に存在を誇示するように有力古墳の造墓位置が選定される。この段階に至って、交通幹線に政治権力が関与をはじめるとみたい。こうしたことを可能とする変化がこの時期には生じている。前節で簡単に示したこの時期の京都盆地における古墳のありよう、すなわち墳形と墳丘サイズを組み合わせた体系的な古墳の序列的構成は、じつは列島の広い範囲に通じている。したがって第一段階とは違って列島の広い範囲が単一の政治的秩序の下に取り込まれた情況を示していると考えられる。

第二段階の後半から第三段階は『宋書倭国伝』に記述されたいわゆる倭五王の時代と重なる。彼等は宋王朝から「倭国」王に任じられる。親魏「倭」王であった邪馬台国女王の時代とは違い、五王の時代には倭人社会が単一の政治秩序＝「倭国」を形成していると認識されている。

倭人社会を政治的に統合し、列島社会を総括する一個の政治秩序が成立しており、五王たちはその長として遇されているわけだ。この政治体制に対応した古墳のあり方が上記したものである。この段階は、ようやく列島諸地域の利害が交錯する交通幹線が倭王権の名の下に管理されるまでに政治秩序が成長した時期と捉えておきたい。先に挙げた久律川古墳群などはダウンサイジングされた古市古墳群といえよう。そうした古墳群が各地に配されている。それは『宋書倭国伝』の記事、すなわち倭隋以下十三人の将軍号、あるいは軍郡二十三人云々という倭国王の除正要望、を想起させる。倭国王がそうした属僚に交通の要衝の管理を委ねる体制が推測される。倭国王に準じた格式と勢威を有し、記紀の説話では時として倭国王に対抗した分担管理者の姿に、「封建制」的な趣きをも見ておくべきかもしれない。ともあれ、京都盆地の久津川古墳群はそうした中の一つではある。

第四段階では再び古墳は幹線交通路から離れる。しかしこのことは幹線交通路と政治権力の関係が変化したことを意味するものではないと考える。原因は古墳の本質的性格が変わったことにある。

第二段階に始まり第三段階を通じて整えられた、墳形とサイズを組み合わせた古墳の序列的構成を以て政治秩序の編成を示す形はこの段階に放棄された。この変化はまず中・小形前方後円墳の簇生的築造から読み取ることができる。これは序列表示体系上の前方後円墳の格付けが失われたことを意味し、あえて前方後円墳未満という格付けを意図した帆立貝式古墳がこの時期に姿を消すことも同様だ。

さらにいえば墳形を問わず、第四段階のうちに墳丘外表の装飾的要素——埴輪や葺石——の省略が急速に進んでゆく。墳丘形態を含めて外観に込められた政治的メッセージ、統一的な序列体系の上で付された格付けとは関係なく、古墳を築くことが可能になった段階、と見ている。そうなるとそれぞれの造墓者は任意で、あるいはローカルなネットワークの流儀に応じて、公的な政治秩序に必ずしも対応しない形で、私的なモニュメントとして古墳を築造する（補注四）。

第四段階の後半期（和田編年一一期〜飛鳥時代前半期）には不必要に巨大な石材を組み上げた横穴式石室を内包した、いわゆる巨石墳が登場する。これは古墳の決定的な変質を物語るものである。というのは、どれだか巨大な石室の組み上げに注力しても、それは完成段階で墳丘の内部に秘匿され眼に触れることはない。墳丘の外観を以て、という古墳の本質の正反対に位置する方向と云わざるを得ない。この場合、造墓者が保持する実力＝動員力と技術力、をその築造過程において直截的に誇示するものである。古墳の築造は完成形態のモニュメント性よりも築造過程＝イベント性が重要であって、造墓者の勢威を誇示する機会となった。

古墳が変質する第四段階は、記紀などから統治機構の整備が盛んに模索され始めた段階とみられる。ここで注目したような交通幹線を管理する機構を検討する余裕はないが、政府が交通幹線の機能に多大な関心を寄せていたことは間違いない。第四段階前半期のうちに、列島各地で急速に大王に貢納・奉仕する拠点（＝ミヤケ）を設置し始める〈舘野一九七八〉。その中には交通幹線上の要衝に置かれた例えば「難波屯倉」や、一時期遅れるが吉備の「児島屯倉」などがある。交通幹線の機能に着目した拠点の設置であることは疑いない。ミヤケという施設の性格上、政府（朝廷）およびその幹部が必要とする物財や人的資源を吸い上げる装置であることが重要だが、同時にそうした施設が、経済要地ごとにきめ細かく交通幹線を統御する役割を果たした可能性が高い。「ミヤケ」は、大王の下に結集した朝廷幹部を介して地元有力者が管理にあたったとみられ、第三段階の「封建制」的な形よりはるかに強力に大王・朝廷の統制が及ぶものであった。

以上、雑駁な内容に終始したが、京都盆地を横断する交通幹線に着目して、それとの関係でこの地域の古墳を概観し、試行的に古墳時代における交通幹線と政治権力の関係を考えてみた次第である。

＊補注一

早くに小林行雄氏は椿井大塚山古墳に多数の船載三角縁神獣鏡が副葬された背景について次のように述べている。

「もし想像がゆるされるならば、大和と北九州を結ぶ交通路として、木津川から淀川をへて瀬戸内海に通ずる航路を利用したばあいに、椿井の首長の占拠地域は、まさしくこの木津川水路の起点にあたっている。それが、椿井の首長をして船舶の管理者たらしめ、航行の担当者たらしめたのではあるまいか。かつ、その功績によって、多数の鏡をえたと考えてはどうであろうか。」〈小林一九五九、七五頁〉

政治史的な観点からの評価だが、造墓地の選定と交通路の関係に言及した早い事例として注意される。たしかに木津川流域自体が重要な交通路であることは間違いないのだが、あえて云えばいっそう重大な交通幹線――宇治川まで進出せずに、盆地南端にとどまったことは別途問われなければならないことだと思う。

＊補注二

この点について若干補足しておきたい。第一段階並行期に円墳や方墳が全くないわけではない。例えば大阪府安満宮山古墳は概ね方形を呈する墳墓で前方後円墳の出現時期に遡るものだ。しかしその形態や墳丘外表の装飾などに注意すると、こうした事例は前方後円墳以前の墳丘墓を引き継ぐものといえそうだ。一方、第二段階の円・方墳などの場合、墳丘の外表装飾――埴輪列と葺石――は全く前方後円墳に通じる仕様で整えているし、埋葬施設の構造や副葬品の面でも前方後円（方）墳に匹敵するか準じたものとなっている。やはり前方部の付設を「遠慮」し、意図的に前方後円（方）墳との差異を演出したものと考えたい。

＊補注三

都出比呂志氏は古墳時代当初から墳形とサイズを組み合わせた序列表示体系が形作られ、列島の広い範囲で共有されたとする。

そうして「一元的な」序列表示体系の存在も一つの材料として古墳時代を初期国家段階と位置づける。都出氏が提唱する「初期国家」の是非はとりあえずここでは措くが、本文で述べたように、筆者は古墳時代前期の少なくとも前半段階（本稿の第一段階）ではローカルな表示体系が複数併存し、また古墳時代後期（本稿の第四段階）にこうした体系は消滅する、とみている。一元的な序列表示体系は古墳時代中期を中心とした第二・第三段階に限定されると考える。

＊補注四

とはいえ、古墳時代最末期に至っても、この時期では全く比類ない墳長三〇〇ｍ級の巨大前方後円墳―大阪府河内大塚古墳三三五ｍ、奈良県見瀬丸山古墳三一八ｍ―が築かれている。おそらく倭国王墓であろうが、これらは精緻に組まれた序列表示体系の最上位に位置する存在ではなく、いわば中空に浮かんだ孤独な巨大モニュメントであって、第三段階以前の巨大前方後円墳とは意味が違う。

【参考文献】

都出比呂志「古墳時代首長系譜の継続と断絶」(『待兼山論叢 史学篇』二二号、一九八八年)
和田 晴吾「南山城の古墳――その概要と現状」(『京都地域研究』四号、一九八八年)
和田 晴吾「古墳築造の諸段階と政治的階層」(水野祐監修・荒木敏夫編『ヤマト王権と交流の諸相 古代王権と交流五、名著出版、一九九四年)
京都府教育委員会『乙訓古墳群調査報告書』(二〇一五年)
京都府教育委員会『綴喜古墳群調査報告書』(二〇二二年)
広瀬和雄・梅本康広編『季刊考古学別冊二六 畿内乙訓古墳群を読み解く』(雄山閣、二〇一八年)
広瀬和雄・梅本康広編『季刊考古学別冊三四 椿井大塚山古墳と久津川古墳群』(雄山閣、二〇二一年)
高野 陽子「山城地域における椿井大塚山古墳出現前後の集落動態」(広瀬和雄・梅本康広編『季刊考古学別冊三四 椿井大塚山古墳と久津川古墳群』雄山閣、二〇二一年)
一瀬 和夫「『巨椋池域』をめぐる諸集団」(広瀬和雄・梅本康広編『季刊考古学別冊三四 椿井大塚山古墳と久津川古墳群』雄山閣、二〇二一年)
和田 晴吾「古墳時代の時期区分をめぐって」(『考古学研究』三四巻二号、一九八七年)
小林 行雄『古墳の話』(岩波新書、一九五九年)
都出比呂志「日本古代の国家形成論序説――前方後円墳体制の提唱」(『日本史研究』三四三号、一九九一年)
舘野 和己「屯倉制の成立――その本質と時期」(『日本史研究』一九〇号、一九七八年)

宮都の輪郭——足利健亮の恭仁京プラン及びその後

内田 忠賢

一、恭仁京と足利健亮

歴史地理学者足利健亮（一九三六〜九八）による恭仁《くに》京の復原プランと、その後の研究者たちによる修正案（アイデア）を紹介する。その後の議論は「幻の都」をめぐり、研究者が喧々《けんけん》諤々《がくがく》、古代日本の巨大都市に想像をふくらませている。

まず、恭仁京について。恭仁京は奈良時代の宮都のひとつで、山背《やましろ》国相楽《そうらく》郡（現在の京都府木津川市加茂）に位置した（左図）。「宮都」という呼び方は、古代史家・岸俊男により命名された。天皇の在所と執務空間（宮）を中心に、それを含む首都空間（都）が広がるという意味である。古代中国の都を見本につくられた日本のそれを都城と呼ぶ人もいる。中国や朝鮮半島

古代の宮都

（高橋ほか、1993）

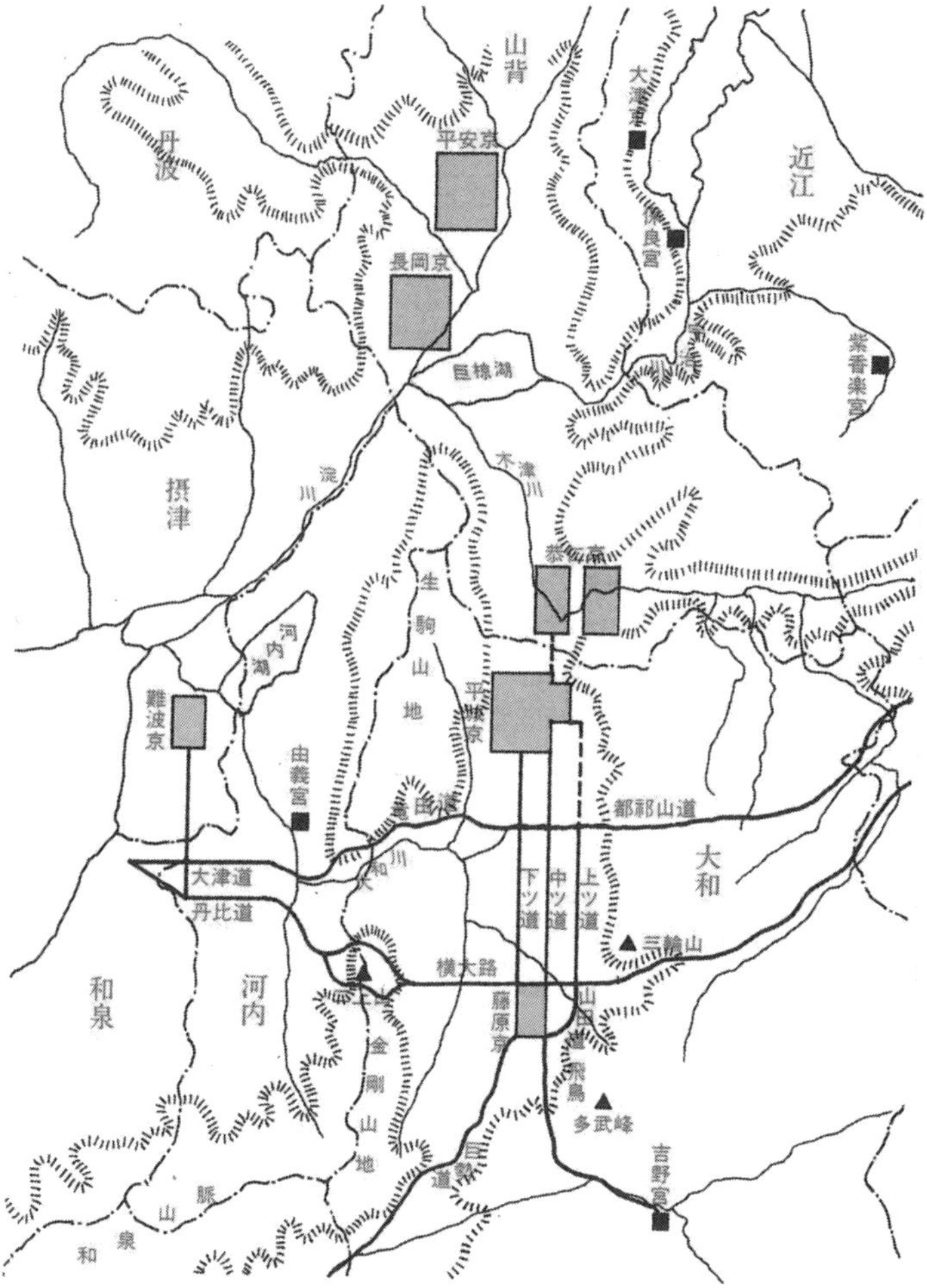

では、都市の周囲を城壁で囲んでいるので都城がふさわしいが、日本の都では、城壁で街を囲むことはなかった。

古代日本の正史『続日本記《しょくにほんぎ》』（以下、『続紀』）で、恭仁京は「大養徳《おおやまと》恭仁《くに》大宮《のおおみや》」と記される。今から約一三〇〇年前、七四〇年（天平一二）の年末、聖武《しょうむ》天皇は、平城京から恭仁京へ遷都をした。恭仁京が現役の都であった期間は、七四四年までの、わずか三年三か月。この短い期間、宮都に関し、わずかな記事しか史料には載っていない。まさに「幻の都」である。

恭仁京のカタチは、どんなのだったろう？　都の中枢、恭仁宮はどんなだったろう？　どれほど整備されていたのだろう？　この問題に対し、初めて実証的に解明を試みたのが足利だった。彼は歴史地理学の視点、方法を使った。

次に、足利健亮について。足利は元・京都大学教授である。近世以前の国土の姿を、歴史地理学者として、次々と復原してみせた。後年、イギリス留学後には、古地図、古文書を駆使し、ローマ道など、古代イングランドの土地計画の復原も行った。彼の発想、その目の付けどころ、論証は名人芸といえる。彼の仕事の全体像をわかりやすく紹介した本が『景観から歴史を読む――地図を解く楽しみ』（一九九八年）である。出版の前年に放映したというテレビ教養番組（NHK人間大学）での連続講演をもとに、書き下ろした。『NHK人間大学』のテキストの表紙には、

「歴史景観の残片は、さまざまな形で地図のなかに姿を留めている。それを的確に拾いだし、過去の景観を復原するとともに、景観を作った人びとの意図を読み解き、通常の歴史学ではアプローチできない歴史の一側面を明らかにする」

とある。歴史時代の国土の姿、その景観や空間を、形態論の立場から復原した。形態論とは、空間的に、地図的に、要するにカタチで理解しようとする立場。古地図、古文書を駆使するのはもちろん、現地を何度も歩き回り（踏査）、立論に努めた。足利の主著は、『日本古代地理研究』『中近世の歴史地理』などである。

二、恭仁京を復原するための基本情報

さて、恭仁京の復原プランを紹介する前に、史料の確認をしたい。幻の都をめぐる文字情報はひじょうに少ない。『続紀』のわずかな記述だけである。これらをヒントに、関連する些《さ》細《さい》な事実、もちろん現地を歩き観察することを含め、さまざまな情報をパッチワークのように組み合わせ、恭仁京を復原することになる。以下、史料の原文（下段は補足説明）。

・天平一二年　皇帝在前幸恭仁宮。始作京都矣。
——聖武天皇が都づくりをはじめる。

・天平一三年　天皇始御恭仁宮受朝。宮未就。繞
——天皇が恭仁宮で政治をはじめた。

以帷帳。宴五位巳上於内裏。班給京都百姓宅地。（中略）従賀世山西道以東為左京。以西為右京。（中略）賀世山東河造橋。始自七月。至今月乃成。（中略）天皇勅曰。号為大養徳恭仁大宮也。

・天平一四年　始開恭仁京東北道通近江國甲賀郡。詔授造宮錄正八位下秦下嶋麻呂以築大宮垣也。

・天平一五年　始運平城器仗収置於恭仁宮（中略）初壊平城大極殿并歩廊。遷造於恭仁宮四年於茲。其功纔畢矣（中略）用度不可勝計（中略）至是更造紫香樂宮。仍停恭仁宮造作焉

・天平一七年　車駕到恭仁京泉橋。

・天平一八年　恭仁京大極殿施入國分寺。

都の中の賀世山西道を基準に、東を左京、西を右京とした。

賀世山の東に川を渡る橋をつくった。

都の東北に甲賀へ通じる道をつくる。

宮を囲む塀をつくった貴族を称えた。

平城京から恭仁京へ兵器を運ぶ。

平城宮の大極殿を移築した。

紫香楽宮を造るため恭仁宮の造営を中止した。

恭仁京の泉橋に天皇が乗った行列が通った。

恭仁京の大極殿を山城国分寺に転用した。

繰り返せば、恭仁京は短命な都であったせいか、『続紀』には断片的な情報しかない。聖武天皇が都・宮を転々と変えた背景には諸説あるが、そのうち、恭仁京遷都には、当時の有力者、橘諸兄《たちばなのもろえ》の意向が強く働いたともいわれる。なお、七四三年（天平一五）、恭仁京の造営を中止したあと、聖武は周囲の反対を押し切り、難波京へ遷都する指示を出す。さらに、七四五年、ふたたび平城京に戻る。たび重なる遷都の裏事情も謎に満ちている。

三、足利による恭仁京・恭仁宮の復原

では、これから恭仁京、その中心施設たる恭仁宮を復原する足利案を紹介する。『日本古代地理研究』第三章「恭仁京プランの復原」は、一九六九、七四、七六年に発表した論文が元となっている。京都府文化財保護課が恭仁宮の発掘調査を行ったあとに、先の成果を微修正した作品が『考証　日本古代の空間』第二章「恭仁京とその周辺における三つの問題」である。それらを勘案し、前記の『景観から歴史を読む』にまとめた。

前章で紹介したように、『続紀』に記録される恭仁京・恭仁宮の情報は断片的である。これらの情報と次の推定が、足利の立論の前提となる。

・完成をみた平城京と平安京は同規模の都市だった。平安京に移る前の長岡京のプランも平城・

平安両京と同規模、と推測されている。したがって、平城京と長岡京のあいだの時期に造営された恭仁京《くに》もそれらと同規模の首都を計画したに違いない。

・平城宮の施設の一部をそのまま恭仁京へ移築している。つまり平城宮と恭仁宮は同規模、同じ構成、内裏や朝堂院も、平城京のそれらと酷似すると思われる。

・恭仁宮の大極殿は、のちの山背国国分寺に転用された。国分寺本堂の基壇は今も残っている。恭仁宮の位置は確定している。

・恭仁京の京域は平城・平安両京と同様、左京と右京に分けられ、その境には「賀世山西道」がある。左京と右京とをつなぐ道であろう。

・「恭仁京泉橋」とあることから、京域の内側に「泉橋」が架けられた。『続紀』にわざわざ記されるほど重要な橋であり、そこを通る道も同様に当時の主要道だと思われる。

・都の範囲を決めたあと、都の内側は都市計画に基づいて整備され、外側はそれまでと同じ農村のままだったと推測される。したがって、内部と外部の境界は、都がなくなった後も何らかの行政界として残る可能性が高い。この事実は、平城京域の境界の多くが、明治時代の村界と一致することから、恭仁京域の境界も同様に、旧村界に伝えられるであろう。

・恭仁京、恭仁宮ともに、都づくりの際、人工的につくった地形、道路の痕跡などが後世に残ると推測される。微地形（わずかな地形の高低、平坦地など）を観察・確認し、小道、畦畔（あぜ道)、土地の傾斜に沿わない不自然な溝、土地を微妙に削平した痕跡を発見する必要がある。
・現地に伝わる小字《こあざ》、地元の人びとが使う地名が手がかりとなる。
・京都府の発掘調査で見つかった恭仁宮、とくに宮域を囲む垣根跡の位置から、恭仁宮の宮域は平城京のそれに比べ、やや小規模であったと推測される。

以上により、足利は恭仁京、恭仁宮を次ページの図のように想定した。内裏と朝堂院(いずれも宮の中心施設)は平城京の二期にわたるそれらと同規模であろう。朝堂院の南側真ん中には南北に人工的な溝が確認できるので、朱雀門に相当する施設につながった道と思われる。宮域の広さは発掘結果に従う。恭仁京域は次ページの図(上)のように推定される。足利による復原の要点は以下のとおりである。

・南北に伸びる丘陵部に隔てられ、左京と右京が分離する。左京と右京の広さは、平城京と同規模。史料にあるように「賀世山西道」が、左京と右京をつなぐ。なお、左京・右京は地図上での左右ではなく、大極殿で天皇が南面(南に向く)したときの左右である。
・恭仁宮はのちの山城国分寺に転用されたこと、恭仁京前後の首都において、宮は京域の北端中央に配置されたこと、また左右境域が分離することから、左京の中央北端に恭仁宮が置か

足利説の恭仁京プラン　　（足利、1998）

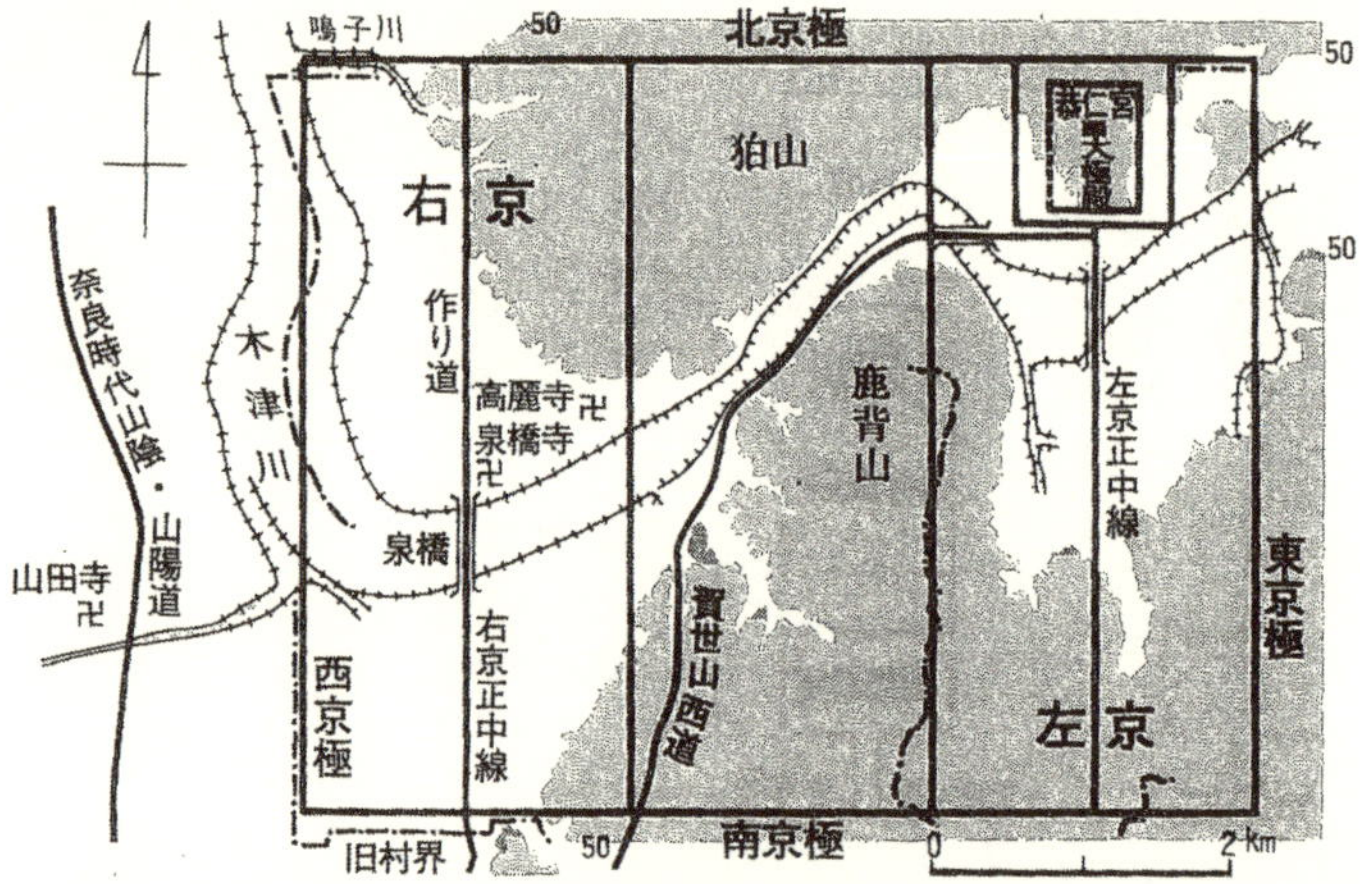

足利説の恭仁宮プラン
（足利、1998）

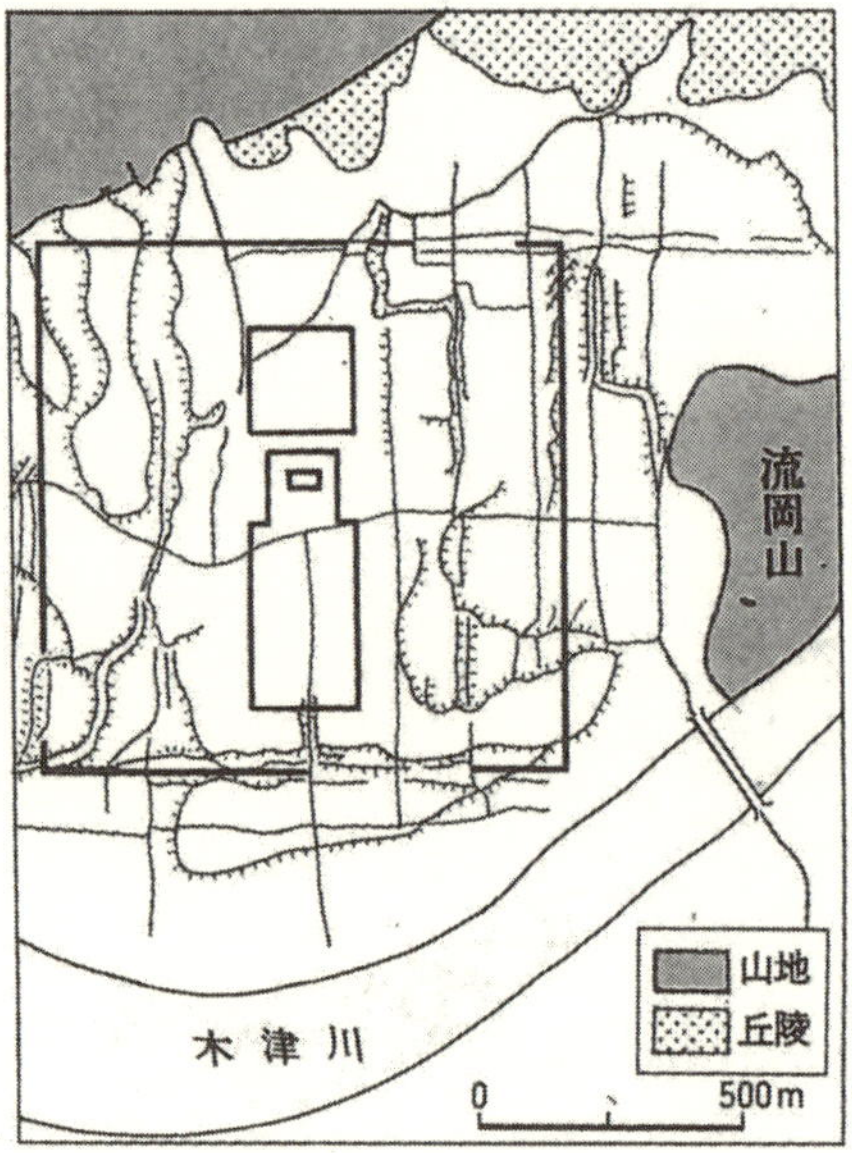

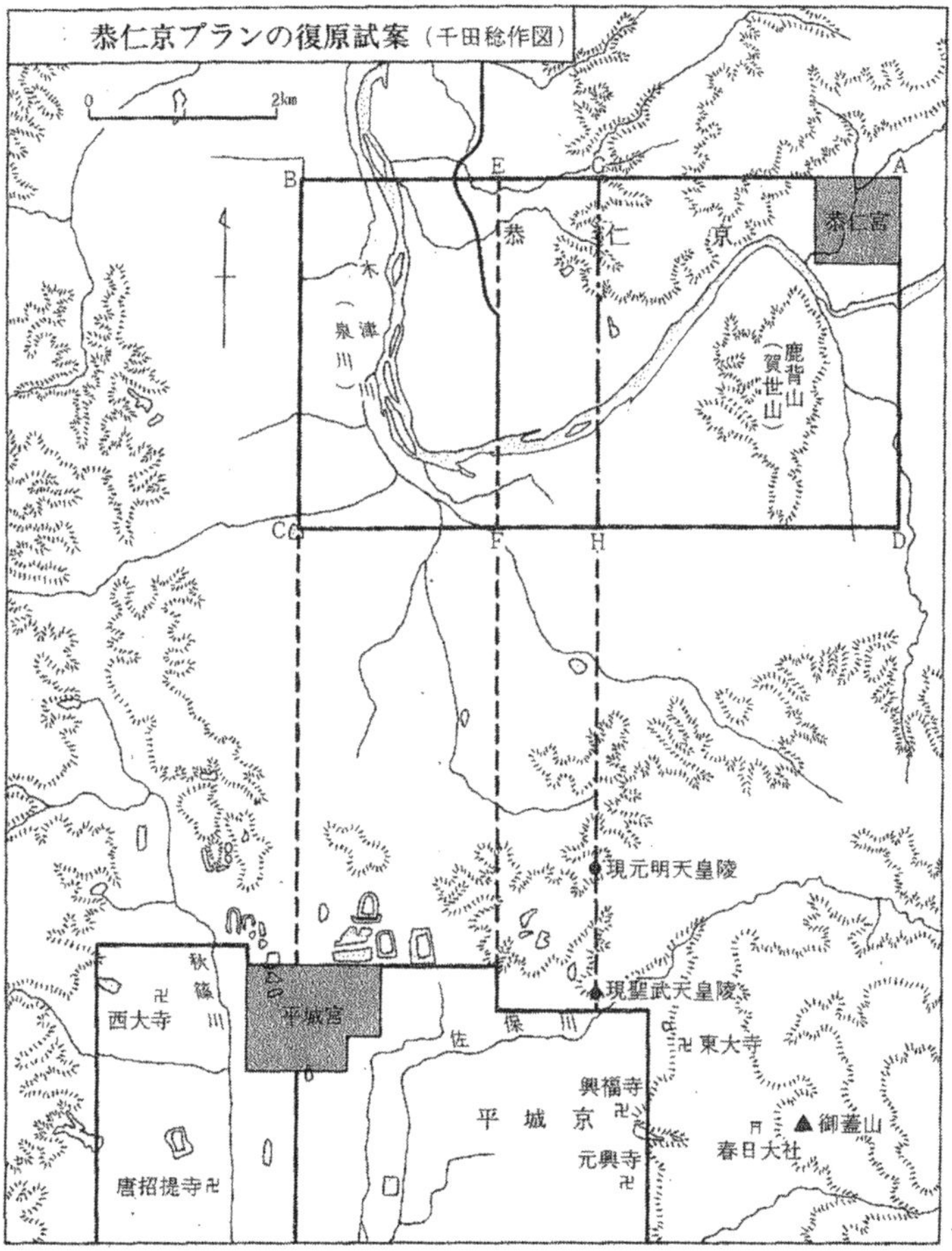

恭仁京プランの復原試案（千田稔作図）

（1987）

れたと思われる。左京を南北に貫く中軸線（左京正中線）のいちばん北が恭仁宮となる。

・右京の西境に相当するラインは、明治時代の南北に伸びる旧村界と一致する。一方、左京の北の境界線、西の境界線（西京極）、南の境界線と推測できるラインが、明治時代の旧村界とほぼ一致する。左右の京域の推定範囲が裏付けられる。

・右京に相当する範囲には、木津川北岸に「東作り道」「西作り道」という南北に細長い小字が残り、その南端、木津川を渡る場所に泉橋寺《せんきょうじ》がある。泉橋寺は、当時、各地で重要な土木工事を行った高僧・行基《ぎょうき》が開いたと伝えられる。

また、木津川南岸に、東西「作り道」を南に延長したラインに（条里地割とは異なる）不自然な帯状の地割が延びる。古道の痕跡であろう。つまり、泉橋寺付近に当時、泉橋があり、泉橋から伸びる南北のラインが、右京の中軸線（右京正中線）と推測できる。のちの奈良街道にも、ほぼ引き継がれるから間違いなかろう。

四、恭仁京プランその後

足利による恭仁京プランは、幻の都の姿を初めて実証した画期的なアイデアであった。根拠となる史料が乏しい分、その後、興味深いアイデアが続出する。ロマンあふれるテーマではあったが、意外にも郷土史家からの提案ではなく、研究者たちからのアイデアであった。

千田稔による恭仁京プラン

足利の恩師は、藤岡謙二郎（京都大学名誉教授）という歴史地理学者、都市地理学者であった。千田稔は京大での、足利の弟弟子ともいうべき存在である。彼も、古代日本研究の第一人者である。奈良女子大学、国際日本文化研究センターほかの教授を経て、現在、奈良県立図書情報館長を長年務めている。

千田による恭仁京プラン（一九八七年）の論文は、「都城選地の景観を視る」と題して発表された。一三七ページの図が千田による恭仁京プランの提案である。足利説の修正を試みる千田説の要点は次のとおりである。

・平城京と同規模程度の京域を想定する。ただし、恭仁宮を恭仁京の北東隅に配置する。恭仁宮の大極殿は廃都後、国分寺に転用されたから、恭仁宮の位置は明らかである。

・左京・右京は分離させない。左右の京域を南北に分ける中軸線（千田のいう「朱雀線」）が元明《げんめい》天皇陵および（恭仁京をつくった）聖武《しょうむ》天皇の陵墓の北の延長線に一致すると考える。この中軸線（C～H）は当時の重要な「聖なるライン」と思われる。

・朱雀線から恭仁宮東側（千田が推定する東京極A～D）までの距離が六町（平城京の六坊分）になるので、朱雀線を中心に西側へ六町の距離に拡げた南北ライン（B～C）に西京極を推定する。この西京極は、平城京の朱雀大路を北に延長したラインと見事に一致する。
・「賀世山西道」を、足利のいう「作り道」に比定する。この南北ラインは、奈良盆地における古代の主要道「中ツ道」の北への延長線と一致する。
つまり、恭仁京は聖武天皇が主導したので、平城京と深い関連をもつプランであったと千田は推測した。

二人の考古学者による恭仁京プラン

千田説から三〇数年後、二人の考古学者が相次いで、独創的な恭仁京プランを提案した。山田邦和（二〇一九年）と筒井崇史（二〇二一年）の新しい復原説である。

山田の論文「恭仁京復元への試案」で発表されたアイデアは左図（上）である。山田説は、恭仁京がわずか四年で廃都となったことから、平城京・平安京のような明確な京域をもたず、盆地部に左京と右京が設定されたにすぎないという立場である。右京からは同時期の遺跡が多数発見され、左京には恭仁宮が配置されたものの、平地が広がる右京のほうが都市としては発達したという。「賀世山西道」は足利説を踏襲する。千田説との関連では、右京には、奈良盆地の三つの主要道路「上津道（上ツ道）」「中津道（中ツ道）」「下津道（下ツ道）」が、平城京から延びていると推定する。

山田邦和の恭仁京プラン　（山田、2019）

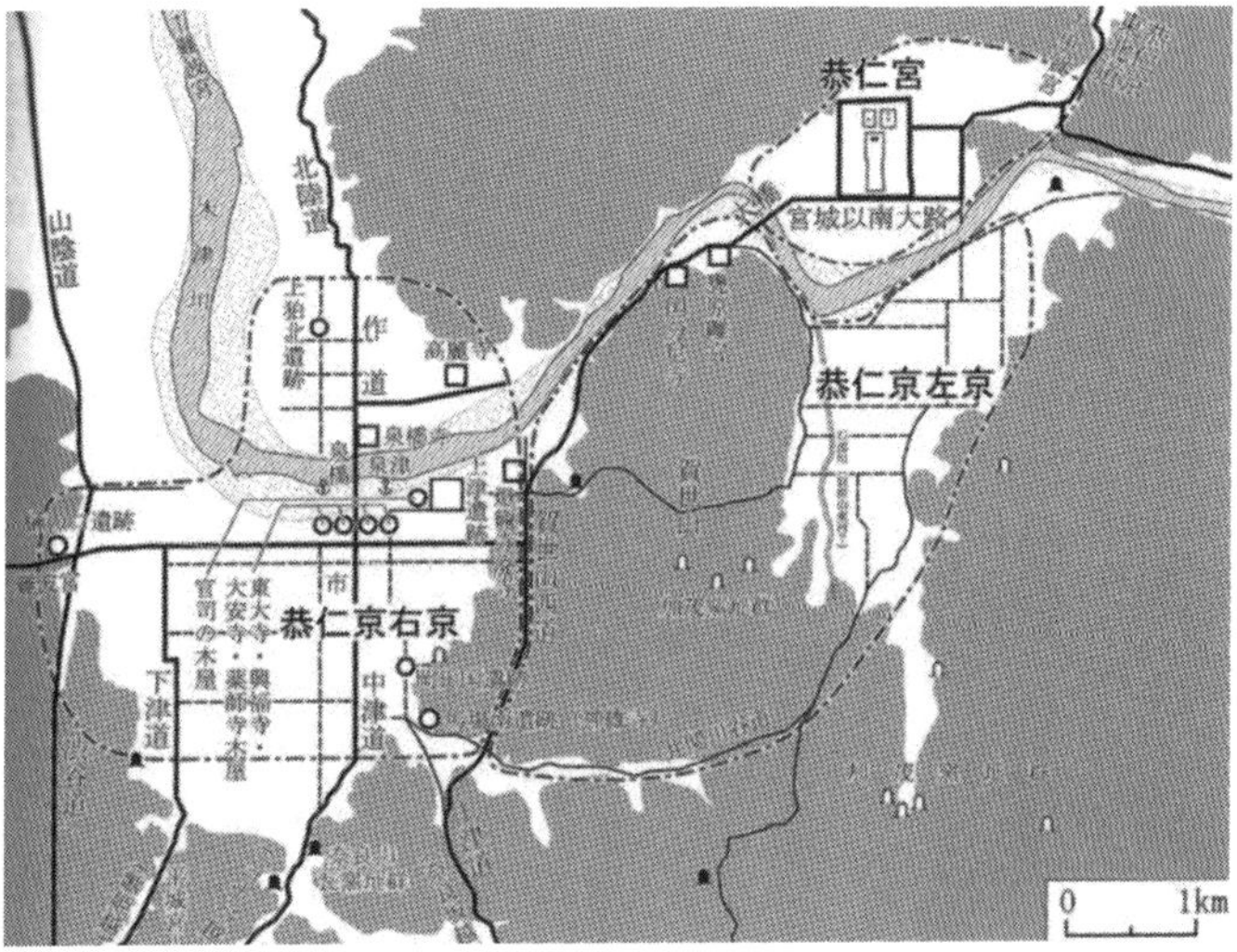

筒井崇史の恭仁京プラン　（筒井、2021）

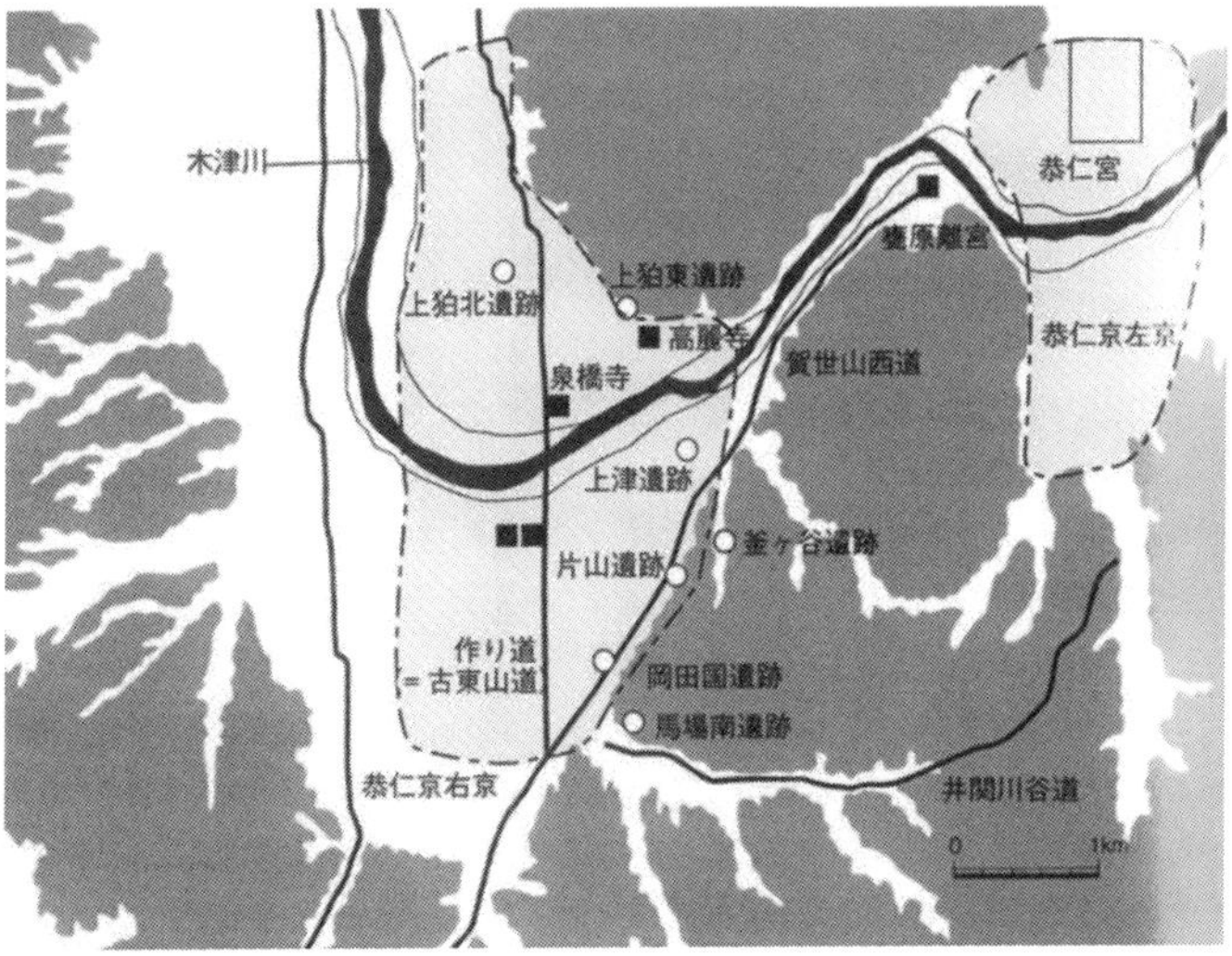

一方、筒井の論文「恭仁京の造営過程と京域の範囲について」で発表されたアイデアは、前ページの図（下）である。山田同様、恭仁京には平城京・平安京並みの都市プランはできあがっておらず、京域はやはり盆地部に広がったという。もちろん、左京と右京の範囲も明確に示せないという立場である。ただ遺跡から推定すると、甕原離宮《みかのはらりきゅう》（推定地）から木津川南岸に沿って釜ヶ谷遺跡、岡田国《おかだくに》遺跡、馬場南遺跡と連なる道路を、足利同様に「賀世山西道」にあて、右京に相当する範囲に上狛東遺跡ほか多数の同時代の遺跡が分布することから、山田同様、右京が都市の中心であったと推測する。足利の「作り道」を「古東山道」と比定する。

山田・筒井ともに考古学者なので、遺跡・遺物が出ないかぎり推定は控える、という立場であろう。

五、おわりに

恭仁京をめぐるさまざまな宮都プランを紹介した。発掘成果がある程度の参考になると思われるが、現実的には全域の発掘は行われることはなく、遺跡・遺物が出たとしても決め手にはなりにくい。歴史時代の景観・空間に対しては依然、歴史地理学の視点・方法は有効である。

なお、足利健亮は、著者の京大での学部・大学院時代の恩師である。また、著者は大学院修了後、足利教授直属の助手（現在なら助教）として身近で彼の仕事ぶりを学んだ。最初にも書いたが、彼の発想は名人芸であり、他人には真似できないことを実感した。

【参考文献】

足利健亮『景観から歴史を読む——地図を解く楽しみ』（NHKライブラリー、一九九八年、のちに『地図から読む歴史』講談社学術文庫、二〇一二年）
足利健亮『NHK人間大学　景観から歴史を読む——地図を解く楽しみ』（日本放送出版協会、一九九七年）
足利健亮『日本古代地理研究』（大明堂、一九八五年）
足利健亮『中近世の歴史地理』（地人書房、一九九〇年）
足利健亮『考証　日本古代の空間』（大明堂、一九九五年）
千田　稔「都城選地の景観を視る」（岸俊男編『都城の生態（日本の古代、第9巻）』中央公論社、一九八七年）
高橋康夫・吉田伸之・宮本雅明・伊藤毅編『図集　日本都市史』（東京大学出版会、一九九三年）
山田邦和「恭仁京復元への試案」（京都研究会編『京都を学ぶ　南山城編』ナカニシヤ出版、二〇一九年）
筒井崇史「恭仁京の造営過程と京域の範囲について」（『京都府埋蔵文化財論集　第八集』二〇二一年）

行基と大仏

斉藤 恵美

一、はじめに

七四一年（天平一三）、前年に起きた藤原広嗣の乱を契機に関東巡幸を行った聖武《しょうむ》天皇は、平城に戻らずそのまま恭仁《くに》京へと入った。その二年後の七四三年、大仏造立の詔を発し、紫香《しが》楽宮《らきのみや》にてその事業がはじまった。この事業には、行基《ぎょうき》と彼を慕い付き従う行基集団の大きな協力があり、聖武天皇は大僧正の位を授けるなど、行基を大いに敬い重んじたという。

行基は六六八年に和泉国大鳥郡（現大阪府堺市）で生まれた。一五歳で出家し、飛鳥寺などの寺院で教学を学んだ。その後、療養中の母とともに佐紀堂、生馬仙房《いこませんぼう》（生駒市竹林寺とされる）で過ごしたが、母が亡くなるとそこから遠くない丘陵の山林で修業したという。七二一年

（養老五）、五四歳のとき平城の京内の屋敷を支援者から寄進され、翌年菅原寺を起工し、そこを拠点として街頭で人びとに布教をはじめた。

ところが当時、僧尼は国家の許可なくして一般の人と直接交流をもつことを禁じられており、この活動はそれに違反する行為だとして、行基は時の政権から名指しで非難され、弾圧された。そうしたなかで行基は平城での活動に区切りをつけ、以後近畿各地を周遊し、人びとを教化しながら弟子たちを率いて各所要害の地に橋を架け堤を築いていった。こうした活動を続けるなか、大仏造立の事業の勧進として協力することになったのである。

当初、政権から異端として処分された行基が、なぜ国家プロジェクトともいえる大仏造立に協力したのだろうか。行基の活動とその意味、そして大仏とは何か、という視点から考えてみたい。

二、行基の活動と行基集団

行基の活動に賛同し協力したのは、技術者集団だとの指摘がある〈北條一九九七〉。彼の平城での活動を支えたのは、布教対象の都市民もであろうが、菅原寺周辺の地域を大和での拠点のひとつとしていた土師《はじ》氏の関与が示唆される。土師氏は垂仁《すいにん》天皇の時代に出雲から召された野見宿禰《のみのすくね》を祖とし、古墳造営や葬送用の埴輪《はにわ》制作に携わるなどした技術者集団である。

彼らのような経済基盤を土木や生産におく人びとが行基の協力者であったと推測されるのは、行基が平城から離れたあとの各地での土木事業をはじめとする活動が、土師氏のような技術者集団との連携なしでは考えられないためである。また屋敷を寄進した寺史乙丸《てらのふひとおとまろ》も土師氏系ではないが、河内を本貫とする秦氏の出であったともいわれ〈勝浦一九九七〉、彼らのような渡来系氏族の協力もあったことがうかがわれる。

そのような協力を得ることができたのは、行基自身も彼らと同様、専門知識・技術を以て生業を立てるような出身母体をもっていたことが大きい。父方の高志《こし》氏は、応神《おうじん》天皇のときに百済《くだら》から『論語』『千字文』を伝えたとされる王仁《わに》を祖とする西文氏《かわちのふみうじ》の分派であり、百済から来た渡来系氏族だという〈井上一九九七〉。

七〇四年（慶雲元）にいったん大和から郷里に戻った行基は、生家を家原寺《えばらじ》と改め、翌年同郡陶邑《すえむら》に大修恵院《だいすえいん》を建てた。陶邑は窯跡が多数検出されるなど五、六世紀において盛期を迎えた須恵器生産の一大拠点で、大修恵院はその生産従事者の休養や看病のための施設であったとされる。行基はその工人集団を統括する有力者とのあいだに地縁的・血縁的なつながりをもっていたともいわれ〈北條一九九七〉、彼の出身母体を介してのつながりがうかがえる。

和泉での活動

平城での弾圧後、行基はこうした地縁的なつながりのある和泉からその活動をはじめた。そこでまず取りかかったのが池溝《ちこう》の造成である。七二七年（神亀四）、行基は同郡土師郷——百舌鳥《もず》古墳群が広がる和泉での土師氏の拠点——に大野寺を建立した。この建立に際して土塔も建てられたことが発掘調査からわかっており、土塔出土の人名瓦から土師氏が関与していたことが明らかとなっている。

またこの瓦の特徴から、陶邑の須恵器の工人技術者集団と土師氏のあいだになんらかの行き来があったのではないか、ともいわれる〈北條一九九七〉。そして当寺は、行基開発と伝えられる同郡内の土室《はむろ》池・長土《ながつち》池の造成と関連していたと考えられる。池の造成には土木技術と多くの労働力が必要であり、それを担ったのが土師氏だったのではないだろうか。

和泉にはほかにも行基の開発とされる池溝がいくつかあり、その付近には造成に関係した施設があった（檜尾《ひのお》池と檜尾池院——大鳥郡和田郷：七二六年、薦江《こもえ》池と深井尼院——同郡深井郷：七三四年〈天平六〉、鶴田池と鶴田池院——同郡日下部郷：七三七年、久米田池・久米田池溝と隆池院《りゅうち》——泉南郡丹比部里：七三四年など）。行基が池溝の造成を進めた理由として、新たに灌漑施設を造成して開墾した墾田は三世まで、既存の施設利用による開墾は一身にかぎって収公の対象にならないという三世一身の法（七二三年〈養老七〉）があった。和泉では、班田に占められておらず、既存の灌漑施設によらない台地上での開墾が行なわれ、池溝はそのために造られたのである。

こうした活動に必要な高い技術力と資金や労働力を用意したのは、窯業などさまざまな技術をもつ渡来系氏族や土師氏のような、その技術により経済的富裕層でありその地の有力者であった人びとだったと考えられる。行基は彼らにこうした行動を起こすよう促したのである。

摂津での活動

同様の取り組みは、和泉以外でも進められた。摂津の猪名《いな》川・武庫川にはさまれた伊丹台地（為奈野《いなの》）に水田開発のための灌漑事業として、七三一年（天平三）に昆陽施《こやせ》院（河辺郡山本村）が建てられ、行基により池（昆陽上池・昆陽下池・院前池・中布施屋池・長江池）や溝（昆陽上溝・昆陽下溝）が造成されたという。

この地は猪名部と呼ばれる人びと――応神天皇のときに新羅王が造船のために貢上したという渡来系造船・木工技術者集団――の居住地であり、当地の開発は彼らとの関係により行われたのではとの指摘がある〈千田一九九七〉。

またこうした灌漑施設以外にも、行基は要衝の地の交通路の整備を行った。船港の大輪田船《おおわだのふな》息《すえ》の整備と船息院・船息尼院（摂津国兎原《うはら》郡宇治郷：七三〇年）の設置が挙げられる。

河内での活動

架橋もされた。行基は樟葉《くずは》（枚方市）に久修園院《くすおんいん》（河内国交野《かたの》郡一條内：七二五年〈神亀二〉）を建て、淀川に山崎橋を架けたという。そこは木津川・宇治川・桂川が合流するあたりで、大規模な河川改修を伴う土木工事が行われたであろうことは想像に難くなく、非常に高度な治水技術が要求された。この辺りは北陸で治水技術を磨いた継体《けいたい》天皇の一族の拠点だったのではないかとの意見もあり〈小路田二〇二三〉、行基による山崎橋の架設には、そのような技術者集団の協力があったことは間違いないだろう。そしてこの架橋は、往来や物流を劇的に効率化した。平城からの山陽道は、山崎橋ができると、そこを経由することになったのである。

さらに河内と摂津にかけて、淀川下流域の治水事業も行われた。仁徳《にんとく》天皇も秦《はた》人に茨田《まんだ》の堤《つつみ》を築かせた淀川下流域湿地帯の土地改良のための要地に、行基は高瀬堤樋（河内国茨田郡高瀬里）と茨田堤樋（同郡茨田里）を築いた。この堤は、水害への対策と高瀬大橋（摂津国嶋下郡高瀬里）の架設と直道の普請による交通路の整備を目的に造成されたと思われる。その付近には関係施設として、高瀬橋院・高瀬橋尼院（摂津国嶋下郡穂積村：七三〇年〈天平二〉）が設置された。この地は仁徳天皇の築堤以後、秦氏に関係する渡来系の人びとの生活空間であり、行基のこの大土木工事を支えたのも彼らであったという〈千田一九九七〉。

また架橋には、治水技術以外にも大型木造建築物を建てる技術が不可欠であり、寺院建築技術が応用されたのではないだろうか。秦氏は蜂岡寺《はちおかでら》（現在の広隆寺）創建の秦河勝《はたのかわかつ》を擁したように、そうした技術を保持していてもおかしくはない。このような技術は、秦氏以外にも渡来系の技術者が持ち込み発展させていったと考えられる。

山崎橋と高瀬大橋の架設には、その地理的な近さや必要とされた技術の同一性から、継体天皇の一族と秦氏の協同が、さらには他の技術者集団の協力――たとえば高瀬大橋には猪名部が関わったかもしれない――があったのではないかと想定される。彼らは協業しながら互いの技術を交換し、さらなる技術力の伸長を図ったといえよう。行基はこうしたさまざまな技術者集団のあいだに立って調整し、全体の統括をしたのではないだろうか。

山城での活動

以上のように行基の活動は、耕地開発のための灌漑設備の設置・水害対策による土地改良・交通路の整備を企図した治水土木事業を主としたもので、各地の技術者集団の協力によりなされていた。山城でも淀川の上流域にあたる鴨川下流域・桂川流域での活動は、そこに本拠地を置く秦氏の協力があったと考えられる。

嵯峨野の土地改良のため、五世紀後半頃に現在の渡月橋付近に秦氏が治水技術を駆使して築造したという葛野《かどの》大堰《おおい》の修築に行基は関わり、その関連施設として河原院（葛野郡大屋村・

七三一年〈天平三〉）と大井院（同郡大井村・同年）が桂川とその上流の大井川に沿って建てられたと想定されている。また、鴨川下流域の宇治川・桂川が集まる一帯の治水事業の関連施設として、行基は深草に法禅院（紀伊郡深草郷・七三一年）を建立、そこを拠点とする秦氏の関与が想定される。

『山城国風土記』逸文では、この地の秦公伊侶具《いろぐ》が京都伏見稲荷を創建したとし、その姿は豪農として描かれている。この逸話から、秦氏は技術者集団としてだけでなく、改良した土地を耕地として開発し、そこから富を得る土地経営者的な性格ももっていたことがうかがえる。行基の活動は、秦氏のそのような生業形態を支援するものだったのではないだろうか。

こうした活動のひとつではあるが、のちに大きな意味をもつようになった事業に、泉大橋の架設がある。泉川（木津川）は、藤原京や平城の造営のために伊賀・丹波・近江などから大量の木材が運ばれるなど、物資の重要な流路であった。陸揚げ港の泉木津は、大和盆地の北側に置かれた都にとって重要な外港で、都とのあいだには幹線道路が通じていた。そしてこの道は、泉川の北で北陸道・東山道へと続く、陸上交通にとっても重要なものでもあった。行基はこうした水陸の要衝に橋を架けたのである。

この架橋に際して、泉橋院・隆福尼院《りゅうふくにいん》（相楽《そうらく》郡大狛村・七四〇年）が建てられた。現在その後身の泉橋寺《せんきょうじ》が、木津川の北岸に建っている。行基の事業がなされるまで泉川に橋を架けるの

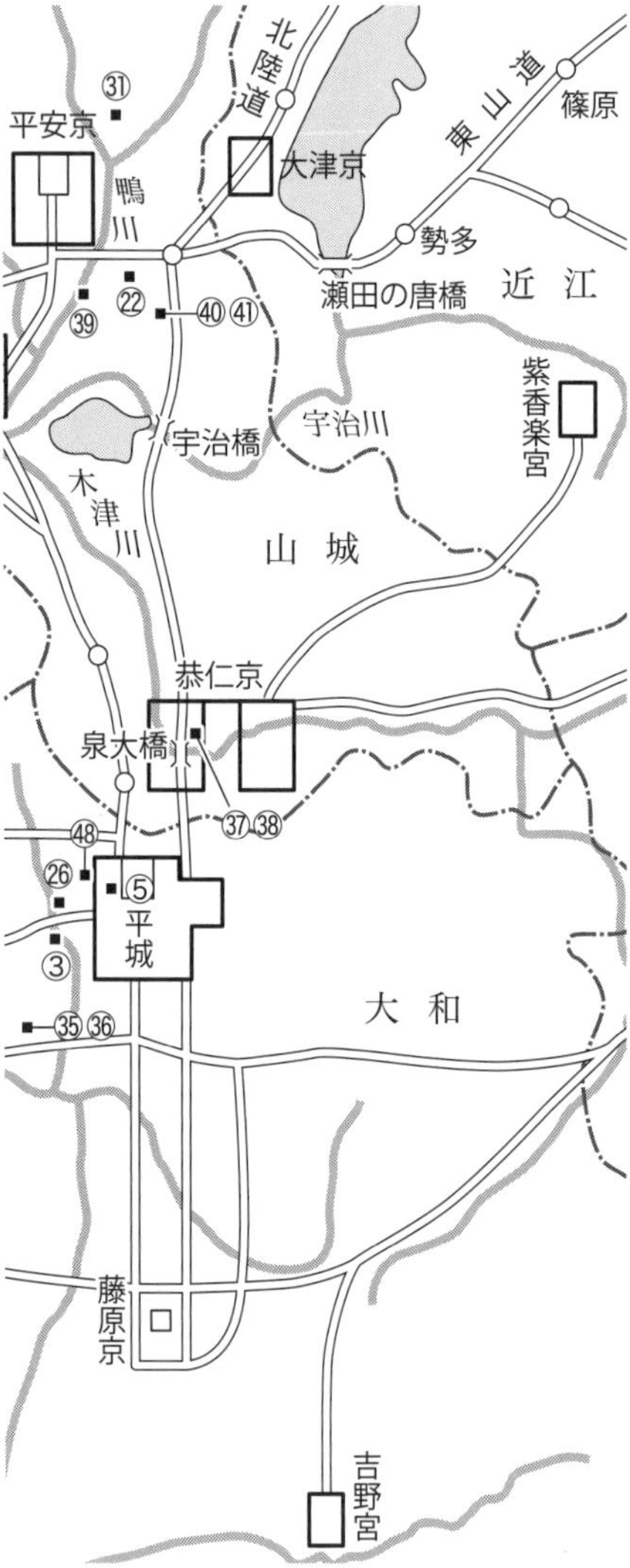

①大修恵院
②恩光寺
③隆福院
④石凝院
⑤菅原寺
⑥清浄土院
⑦清浄土尼院
⑧久修園院
⑨檜尾池院
⑩大野寺
⑪大野尼院
⑫善源院
⑬善源尼院
⑭船息院
⑮船息尼院
⑯高瀬橋院
⑰高瀬橋尼院
⑱楊津院
⑲狭山池院
⑳狭山尼院
㉑崑陽施院
㉒法禅院
㉓河原院
㉔大井院
㉕山埼院
㉖隆福尼院
㉗枚方院
㉘薦田尼院
㉙隆池院
㉚深井尼院
㉛吉田院
㉜沙田院
㉝呉坂院
㉞鶴田池院
㉟頭陀院
㊱頭陀尼院
㊲発菩提院（泉橋院）
㊳隆福尼院
㊴泉福院
㊵布施院
㊶布施尼院
㊷大福院
㊸大福尼院
㊹難波度院
㊺枚松院
㊻作蓋部院
㊼報恩院
㊽長岡院
㊾大庭院

「近畿古代史図」（『古代地名大辞典　索引・資料編』角川書店、1999年、218～219頁）と近藤康司『行基と知識集団の考古学』（清文堂出版、2014年、20～21頁）を基に作成。番号は建立年順（参考：千田稔「四十九院はどこか」井上薫編『行基事典』国書刊行会、1997年）。

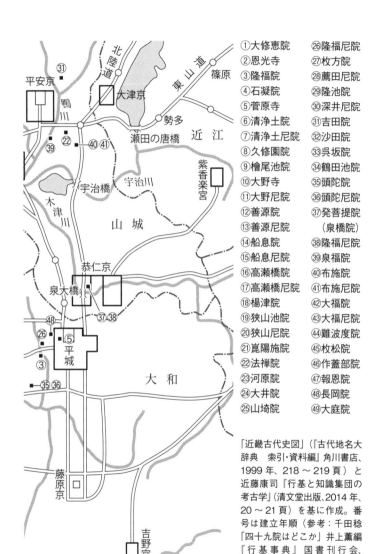

行基の四十九院

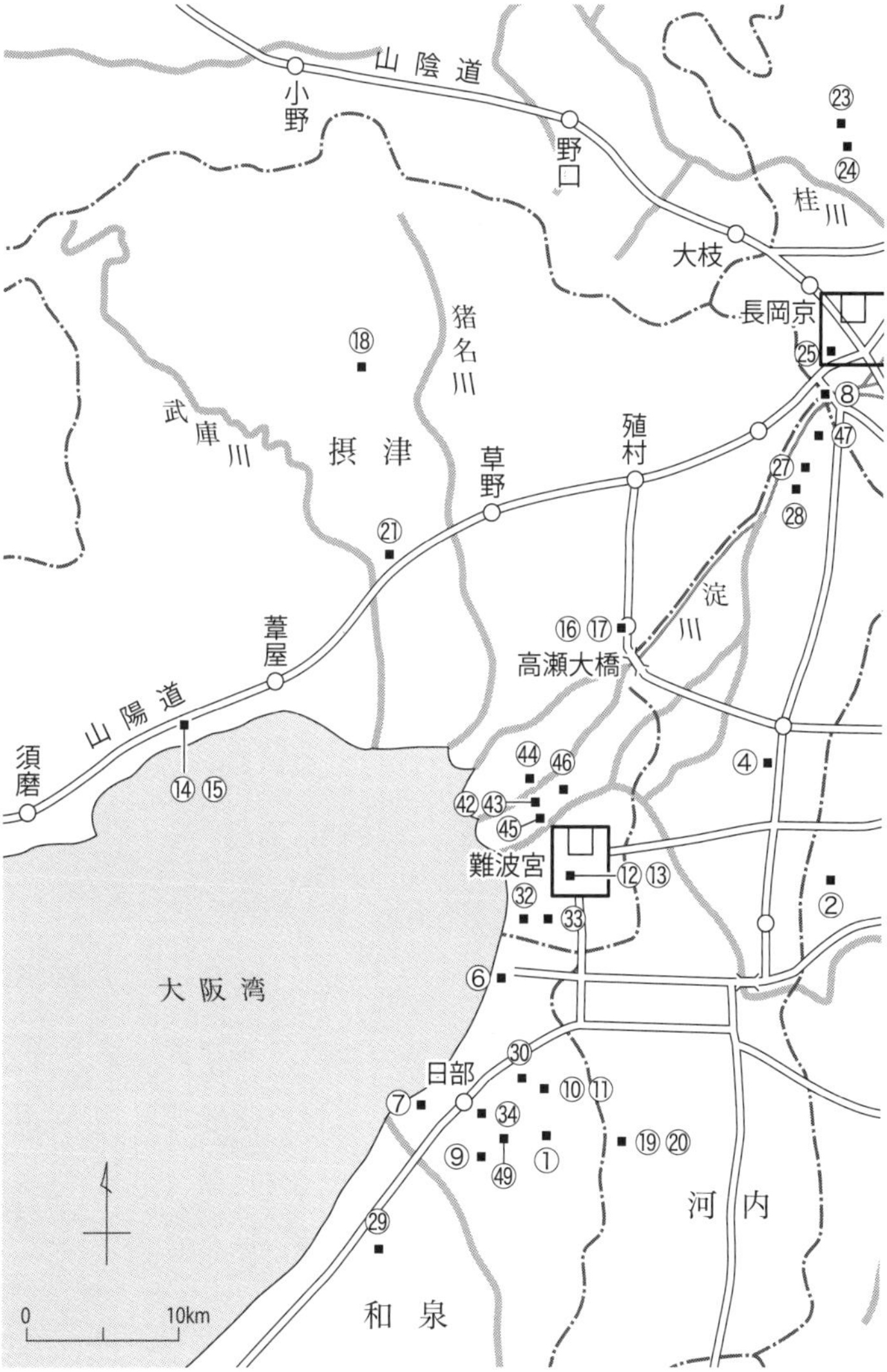
山陰道
小野
野口
大枝
長岡京
桂川
猪名川
武庫川
摂津
草野
殖村
淀川
高瀬大橋
葦屋
山陽道
須磨
難波宮
大阪湾
日部
河内
和泉
0
10km
①
②
④
⑥
⑦
⑧
⑨
⑩
⑪
⑫
⑬
⑭
⑮
⑯
⑰
⑱
⑲
⑳
㉑
㉓
㉔
㉕
㉗
㉘
㉙
㉚
㉜
㉝
㉞
㊷
㊸
㊹
㊺
㊻
㊼
㊾

は難しく、渡河は馬もしくは徒歩によっていた（『万葉集』三三一四では、山背道を馬をもたない夫が徒歩で渡るのを思い泣く妻の心情が詠まれる）。このことからも泉大橋の架設に際しては、非常に高い技術力が集められたといえよう。

当地は大狛村という地名からも渡来系の人びとが居住していたことがうかがえ、彼らには高麗寺《こまでら》の建立が可能な技術があったと考えられるが、崇神《すじん》天皇の時代の武埴安彦《たけはにやすひこ》の乱が示すように、そのような有力な集団は放逐されてしまった可能性もあり、こうした大規模な工事を請け負う強力な集団の拠点がこの地にあったかは不明である。

行基はこの事業をともに行うことを、当地の渡来系の人びとに、そしてこれまでの活動の協力者であった技術者集団に呼びかけ、そして彼らはそれに応じたのではないだろうか。だから泉大橋は架けることができたのである。

三、行基の目的

泉大橋の完成後、恭仁京遷都が行われ、大仏造立の詔が出された。前述のように、行基は大仏造立のために弟子を率いて勧進に協力した。翌七四四年（天平一六）に難波宮が皇都と定められると、その周辺の開発事業に参与するなど（交通路整備のための長柄・中河・堀江――摂津国西城郡の架橋、港湾整備のための施設と考えられる大福院・尼院――西城郡御津《みつ》村・

七四五年、難波度院・枚松院・作蓋部院——同郡津守村：同年の建立)、聖武天皇の政策に呼応するような活動がみられる。

一見政権に近づくかと解釈される〈石母田一九七三〉ようなこうした動きも、じつは技術者集団との連携で行基が見いだした大きな構想を実現するための行動だったのではないかと考えている。では、それはどのようなものであったか。

二点注目したい。まず一点目は技術者集団のあり方である。彼らは高度な知識を保有し、それらの知識を積み重ねて分業体制をとり、産業を成り立たせている。そして同業者同士その流通や技術を互いに共有し、独自のネットワークを構築していた。こうしたつながりから、彼らは独自の共有意識をもっていたといえよう。行基の活動は、こうした同業の技術者集団だけでなく、さまざまな技術を必要とした事業であり、異業の技術者集団との連携も欠かせないものであった。

こうした取り組みから、異業の技術者集団同士のより大きなネットワークが構築されたのではないだろうか。さまざまな技術者集団を集めて、ひとつのより大きな集団ができるのである。前章でみてきたような文物や人の往来のための交通路の整備や架橋などは、こうした大きなつながりにおいて達成される事業であり、またそれらがあることでより連結が容易となる。同時に、こうした事業に参加することで自分の技術はそれを機能させるための必要な一部だという意識の芽生えがあったと考える。

和泉の大野寺土塔出土の人名瓦には、土師氏以外にも和泉・摂津・河内に本貫を置く氏族名が刻まれていた〈岩宮二〇〇四〉。最初期の山城での山崎橋の架橋により、彼らのなかにそうしたつながりや意識が構築されたのではないだろうか。

二点目は灌漑施設の設置で、行基の活動のなかで大きな違和感をもつものである。この活動に協力したのは地元の技術者集団で、造成された墾田は当然彼らの所有となった。しかし専門的な職を生業とする彼らが米をつくるというのは、異様な行為でもある。田に立ち耕作することは片手間にこなせることではないし、彼らはそれとは違う技術により米など食料を手に入れるという分業のなかに生きているためである。

では、なぜ彼らは開墾したのだろうか。結論からいうと、その米を自身の集団の労働力に充てるためと、国家機構の管理から零《こぼ》れ落ちた人びとをも新しい労働力として大きな集団の一員に組み込むためであった。

推論の域を出ないが、技術者が米づくりをしないならば、実際墾田で農業に従事したのは浮浪人であったと考えられる。特別な技術をもたない彼らであっても、食糧（食料）供給者もしくはそれら施設や交通路などの管理者として大きなつながりの一員で、なくてはならない存在であるということを、この事業によって行基は提示しようとしたのではないだろうか。各地の布施屋や施設は、そのために設置された。

このように行基の活動は、個々の生活を超えた大きなつながりのなかで生きているという意識を各々がもつような、誰ひとり不必要ではない巨大な有機体としての社会を築くことを目的としてなされたのだといえよう。それはつまり、単なる技術者集団の大きな集まりとしてではなく、そのなかに食糧（食料）生産という労働力を含み込んだ異業種の集まりであり、他者からの指示によってその役割を指揮されるのではなく、それぞれが巨大集団のなかでの持ち分を自律的にわきまえる新しい分業社会であった。これまでのような国家機構に管理され、別個に分業を担当する集団として、それぞれが存在していたあり方からの脱却である。

その実現のため、フィクサーとして行基は技術者集団をまとめ上げ、次々と事業を起こしたのである。ではこうした構想をもった行基が、なぜ大仏造立に協力したのだろうか。

四、大仏とは何か

それを解くためには、まず大乗仏教とは何かを押さえておく必要がある。大乗仏教の根本的なものの見方に「空」がある。この「空」について中村元氏は、

「あらゆる事物は他のあらゆる事物に条件づけられて起こるのである。〈空〉というものは無や断滅ではなくて、肯定と否定、有と無、常住と断滅というような、二つのものの対立を離れ

たものである。したがって空とは、あらゆる事物の依存関係（relationality）にほかならない」〈中村二〇〇二、一七頁〉という。

一つ独立して何ものかが存在しているわけではなく、お互いがお互いに至る所から網目のように複雑にどこまでも絡み合った状態が「空」で、ある規模でそれを切り取ると事物として現れてくるのである。

たとえば我われの認識レベルで切り取ると、それは私というひとりの人間であり、それよりも大きければ社会や自然環境も含めた世界として切り取ることができる（逆にどこまでも小さくできる）。そしてそれは、人間の認識でいうところの過去・現在・未来をも含み込んだ体系であり、もはや人間の認識の及ぶところではないほど大きく、非常に抽象的ではあるが有機的な全体なのである。それを「法身《ほっしん》」という。つまりどのような人間も、この法身の一部なのである。

そしてこの全体が保たれているということは、そのなかで自由に関係を結び合っているさまざまな状態の均衡が保たれているということでもある。また、途切れることのない関係の総体の一部であるということは、それと同質であることを意味する。つまり我われは本来、この全体のバランスを保とうとする性質をもっているのだ。抽象的な全体の一部であると認識し、過不足を均《なら》すことを指向する。その意識と行為が菩薩行《ぼさつぎょう》である。我われの範疇《はんちゅう》でとらえると、自身は他者とともに生きる社会の一員であるとの自覚から、その社会全体の幸福の実現が自身の幸福の実現であるため、足らざる他者のために恵みを与える行為と理解される。

釈迦や阿弥陀は長大な時間のなかで生き死にを繰り返して菩薩行を行い、知恵と経験を積み上げ、その規模の世界（仏国土）をつくり上げた。彼らが、とくに釈迦が人間として娑婆《しゃば》世界に出現したのも、その全体の一部であることを人間の言葉で語り伝えるためである（阿弥陀は西方浄土で、その世界に見合った完成した仏の姿で、その世界の人びとに語る）。それによって、釈迦らと同じほどの菩薩行を積み重ねることで、我われも仏になれると自覚する。そしてそれら仏国土同士もより大きな規模の視点に立つとき、互いに関係を結び合っている。その最大の規模である全体が法身なのである。この法身のことを盧舎那仏《るしゃなぶつ》という。

聖武天皇は、この法身である盧舎那仏を仏像として造り上げようというのだ。そのためにこの事業は、自分のもつ権力をふるってではなく、自発的に参加する意思をもった「智識」（知識）と表現される人びととの協力によって成し遂げられなくては意味がなかった。そうしないと、人びとはともに幸福になれないのである。

このような聖武天皇の呼びかけた「智識」とは、まさに行基がめざした大きなつながりのなかで生きる自覚をもつ人間である。自分の行いが巨大な有機体としての社会全体に関わるという意識をもつ人びとである。自分の能力がその社会のなかでどのような役割を果たすのかに自覚的であり、その自覚によって、近視眼的な他者と争いを生むような自分だけの利益の追求に終始する小さな事業ではなく、巨視的により社会全体にとって大きな利益につながる大きな事業に参加するという人びとの集まり――つまりお互いに過不足を均す道徳的精神をもつ菩薩の集まりであった。そのような彼らが自発的に参加すれば、法身である盧舎那仏が現出するとしたのである。

聖武天皇が盧舎那仏造立に託したのは、そのような人びとの協同によって成り立つ新しい国家への志向であった。智識によって架けられた橋を渡ってすべての人にとってより便利な地へ都を遷そうと試みたのも、そのあらわれであったのではないだろうか。だから行基は、大仏造立に協力したのである。大乗仏教と行基の事業に着目した論稿は多くないが、利他救済論的な行為と解される傾向にある〈角田二〇一六〉。しかしそれでは法身盧舎那仏造立は解けない。

盧舎那仏は本来かたちをもたない法身で、それを表現しようとすれば、とても大きいものになることは必須であった。それを表す方法として、見えないほど大きいということを都からの距離の遠さで表現しようとしたのではないだろうか。まず紫香楽宮が造立地に選ばれたのは、そういった理由が考えられる。その後、紫香楽宮での造立がかなわなくなり、金鐘寺《きんしょうじ》（現在の東大寺）で事業の継続がされたのだが、距離の近さから、物理的な大きさで表す方法が採られたとも考えられよう。

五、おわりにかえて

聖武天皇が大仏造立にみられるような新しい国家をめざした背景には、七三五年（天平七）にはじまった疫病の大流行があった。疫病に疲弊し混乱する社会に対応すべく、聖武天皇は新たな王権のあり方を模索し続けたのである。

それまでは、人びとの生活範囲からかけ離れたより大きな集合体である国家を成立・維持することを目的に、人びとを管理する側の中枢として王権はあった。その要であったのが聖徳太子のつくり出した社会規範である「和を以て貴しとなす」という「法」であった。それは最悪殺し合いにまで発展する小さな集まり同士の争いを、話し合いの範囲で解決すべく提示されたもので、小さな集まりを超えた大きな集合体としての国家全体を見渡す能力をもった「聖」であるからこそ可能な立法であった。

六世紀半ばに仏教が導入された理由に、釈迦と同様の抽象的な全体をみる能力をもつ「聖」——聖徳太子の創出による普遍的な立法があったのである〈斉藤二〇二一A・B〉。こうして言語化された普遍的な「法」を順守することで、君主・臣下（官人）は人びと（公民）を管理する者として国家機構を組織していった。仏教はこうした人びとのものであったため、国家のために祈り、管理される者への直接的な接触は極力禁止された。君主はそうした国家機構のトップとして一定の全体の把握の能力が要求され、その身に重大な責任を負っていたのである。

こうした王権のあり方に限界を感じた聖武天皇が出会ったのが、智識と呼ばれる人びとであった。そして教化として彼らに大きなつながりの一員であることへの覚醒を促していたのが行基であった。聖武天皇は、彼らのあり方のなかに新たな国家モデルをみたのである。

行基と聖武天皇の新たな国家構築への試みは、その後頓挫する。しかし大きなつながりの一員であるという意識や、釈迦とまではいかないがある程度の過大な能力を求められることのない普通の人間への回帰などの要素は、次の時代へと確実に引き継がれていった。平安京への遷都、最澄と空海の登場は、そういった流れのなかにあるといえよう。それらについては本稿の扱う範囲を越えているため、ここで筆を置くことにする。

【参考文献】

北條勝貴「行基と技術者集団」（井上薫編『行基事典』国書刊行会、一九九七年）
勝浦令子「女性・官人と行基集団」（井上薫編『行基事典』国書刊行会、一九九七年）
井上　薫「行基の生涯」（井上薫編『行基事典』国書刊行会、一九九七年）
千田　稔「行基における境界性」（井上薫編『行基事典』国書刊行会、一九九七年）
小路田泰直『「けいはんな」から日本史を考える——「茶の道」散歩』（けいはんなRISE歴史・文化講座01、敬文舎、二〇二三年）
石母田正「国家と行基と人民」（『日本古代国家論』岩波書店、一九七三年）
岩宮未地子「文字瓦の分析と考察」（堺市教育委員会『史跡土塔——文字瓦聚成』二〇〇四年）
中村　元『龍樹』（講談社学術文庫、二〇〇二年）
角田洋子『行基論——大乗仏教自覚史の試み』（専修大学出版局、二〇一六年）
斉藤恵美A「立法者としての聖徳太子」（西谷地晴美・西村さとみ・田中希生編『歴史学の感性』奈良女子大学叢書7、敬文舎、二〇二一年）
斉藤恵美B「日本仏教史における聖徳太子の位置」（小路田泰直・斉藤恵美編奈良女子大学けいはんな講座00『聖徳太子像の再構築』敬文舎、二〇二一年）

平安京と仮名文学の誕生

長田 明日華

一、仮名文学と「やまと歌」

平安時代に入ると、『竹取物語』や『伊勢物語』などの仮名物語や、『土佐日記』や『蜻蛉《かげろう》日記』などの仮名日記といった、仮名文字を用いて書かれた文学作品が次々と誕生した。これらの作品には、多くの「やまと歌」——和歌が記されており、登場人物たちは和歌を詠み交わすことで他者とコミュニケーションをとっている。このような仮名文学の成立に先立ち、九世紀中頃から後半にかけて、それ以前からある「歌」は、詩文と本質を同じくし、唐の詩に対置される「やまと」の「歌」とみる観念が広がったという〈西村二〇〇二〉。

では、なぜ「やまと」の「歌」を詠む人びとの姿が、新たに仮名文学に書かれはじめたのであろうか。この問いを考えるにあたり、九〇五年（延喜五）に醍醐《だいご》天皇の勅命により奏上された『古今和歌集』に注目したい。『古今和歌集』には、仮名文と漢文のそれぞれの文体で書かれた序文が残されているが、紀貫之が執筆したとされる仮名序の冒頭に、和歌とはどのようなものであるのかについて、次のように記されている。

やまと歌は、人の心を種として、万の言の葉とぞ成れりける。世中に在る人、事、業、繁きものなれば、心に思ふ事を、見るもの、聞くものに付けて、言ひ出せるなり。

（『古今和歌集』岩波書店、一九八九年）

「やまと歌」——和歌は、人の「心」がそのままことばになったものであり、「心」に思うことを、「見るもの、聞くもの」につけて言い出したものであるという。「やまと」の「歌」は、人の「心」の表れとして位置づけられた。それと同時期に、「やまと」の「歌」を詠む人びとの姿が、仮名文学に次々と表現されていくのである。「やまと」は、現在の奈良県やその一部、ひいては日本全体を指すことばとして知られるが、当時の人びとにとってどのような観念であったのか。

ここでは、『古今和歌集』仮名序を執筆したとされる紀貫之の「やまと歌」に対する思想を、同じく彼が著わした『土佐日記』をふまえて検討し、仮名文学が誕生したことの歴史的な意味合いを考察する。また、それを通じて、仮名文学の誕生という出来事が、平安京への遷都のあとに起きた理由を探ってみたいと思う。

二、『土佐日記』の成立

『土佐日記』は、土佐守の任期を終えた紀貫之が、帰京するまでの約二か月間の旅の様子を、随行する女性の視点を借りて綴《つづ》った作品である。貫之の和歌に対する思想を読み解くにあたり、一月二〇日の記事を取り上げたい。この日は、ある人が海の中から月が昇る景色を見て、唐に渡った阿倍仲麻呂の故事を思い出している。その仲麻呂の故事は、以下の通りである。

仲麻呂は、帰国に際して別れを惜しみ、唐の人びとと漢詩を詠み交わしていた。しかし、それでは満足しなかったのか、「わが国」では神代から神も詠み、今は上中下の人びとが身分を問わず、このように別れを惜しみ、喜びや悲しみがあるときに歌を詠むと紹介し、

「青海原振り放け見れば春日なる三笠の山に出でし月かも」

という一首を詠んだ。

青海原を見上げると、そこに見える月は奈良の春日にある三笠山に昇ったものと同じ月である、という仲麻呂の歌を聞いた唐の人びとは、最初はことばの意味を理解できなかったようで

あるが、漢字を用いておおよその意味を書き出し、通訳の人に言い知らせたところ、「心」を聞き得たのか、思いのほか褒めた。唐とこの国とは、たとえ言語が異なっていても月の光は同じであるため、それを見て思う人の「心」もまた同じであろう、という。

ここで注目すべきは、仲麻呂の歌は通訳を介して翻訳されることで、唐の人びとにも「心」が通じて、共感が生まれたという点である。なぜ、言語体系が異なる人びととのあいだに共感が成り立つのかというと、海の中から昇る月の光という景色が同じであるため、それを見て思う人の「心」もまた同じであろうと説明されている。ここでは、人と人のあいだに共感を成り立たせるものとして、同じ景色を見て思う人の「心」が位置づけられている。「心」は、単なる個人的な感情ではなく、他者と共有され、共感を成り立たせるものとしてとらえられているのである。

しかし、長く唐にいた仲麻呂は、漢詩を詠むことで唐の人びとと共感することもできたはずである。それにもかかわらず、なぜあえて和歌を詠み、わざわざ通訳を介してまで「心」を伝えたのであろうか。

仲麻呂による和歌の説明に立ち返ると、和歌は「わが国」で誰もが身分を問わずに詠むものであると説明し、みずから「青海原振り放け見れば春日なる三笠の山に出でし月かも」と詠んでいた。この和歌に込められた、奈良の春日にある三笠山から昇る月という景色を介して思う

「心」は、「わが国」の人びとにこそ共有され、共感されるものであったのではなかろうか。唐の人びとにおいても、仲麻呂にとっての「春日なる三笠の山」に相当する景色があり、通訳を介することでそのような景色を媒介して思う「心」が通じたと想像される。

つまり、仲麻呂は「わが国」という、言語体系を同じくする人と人のあいだにこそ成り立つ共感があることを示すため、あえて和歌を詠んだのではないかと考えられる。

この視点をもとに『土佐日記』のほかの場面にも目を向けると、さまざまな登場人物たちが老若男女を問わずに和歌を詠み、「心」を共有するさまが表現されている。二月五日の記事には、都の者ではない楫取《かじとり》でさえ、何気なく言い出したことばが三十一字であったため、まるで歌のように聞こえたことが記されている。

貫之は、この作品を通じて、「わが国」では誰もが身分を問わずに和歌を詠み、その和歌を通じてさまざまな人びとが共感し合う可能性を表現したのではなかろうか。和歌は、「わが国」において誰もが詠み、それを聞くことで人と人のあいだに共感を成り立たせることばとして位置づけられているといえよう〈長田二〇二〇〉。

三、「やまと歌」の共感

しかし、人はそれぞれ異なるため、ことばを介して共感を成り立たせるのは容易ではないと想像される。では、和歌による共感は、どのようにして成り立つと考えられたのであろうか。『古今和歌集』仮名序に立ち返ると、「やまと歌」は、人の「心」がそのままことばになったものとされていた。『土佐日記』をふまえれば、「やまと歌」は、人びとに共感をもたらすことばとして意識されていたことがわかる。さらに、「やまと歌」は、「見るもの、聞くもの」という、なんらかの具体的な対象を媒介することによって「心に思ふ事」を言い出したものとされていた。

これは、仲麻呂の故事にも通じており、海の中から昇る月の景色を見て、それによって思う「心」が和歌として表れるということに重なっている。和歌を詠むにあたっては、「心」を直接そのまま詠むのではなく、なんらかの具体的な対象を媒介する必要があると考えられていたのである。

では、ここでいう「見るもの、聞くもの」は、どのようなものとしてとらえられていたのであろうか。

和歌は、なんらかの具体的な対象を見聞きする経験を通じて思う「心」の表現であり、それによって共感が成り立つとされている。もしその対象が、個人的に見聞きしたものにとどまるのであれば、和歌によって共感が成り立つとは考えられなかったであろう。そのため、「心」をことばにするために媒介される見聞きした経験とは、誰もが体験したことのあるような過去として意識されていたのではなかろうか。人びとにとっての共通体験のような過去があり、それを媒介して「心」をことばにすることで、和歌によって共感が成り立つと考えられたといえよう。

では、人びとにとっての共通体験のような過去とは、具体的にどのようなものであったのか。『古今和歌集』仮名序は、和歌の起源に遡り、その歴史を語っている。

それによると、「神世」では文字数が整わず、和歌は詠まれなかったが、「人の世」に至ると、素戔嗚尊《すさのおのみこと》が三十一字で詠んで以降、人びとの「心」や「ことば」がさまざまになり、和歌が詠まれるようになった。「今」の世の中では、「心」をそのままことばにするのはたやすくなく、表面を飾ったような和歌ばかりが詠まれている。しかし、「古」の君主は、折々の機会に臣下に和歌を献上させ、「心」を見て「賢し、愚かなり」を判断することができていたとあり、かつての和歌は、その「心」を外側から確認できるものであったという。

このような理想的な和歌は、「古」から「今」に至る過程ですぐに立ち消えてしまったのかというと、そうではない。仮名序は、「古」以来の理想的な和歌が伝わった時代として、「平城《なら》の御時」を挙げている。「平城の御時」には、柿本人麻呂が活躍し、「君も人も、身を合せ」る理想的な君臣関係が成り立ち、『万葉集』が編纂されたと説明されている。

この「平城の御時」は、七世紀末の持統《じとう》天皇の時代に活躍した柿本人麻呂や、奈良時代後半頃といわれる『万葉集』の編纂が同時期の出来事として語られていることから、史実そのものを表しているのではなく、平安時代初期の平城《へいぜい》天皇の時代に、和歌にまつわる理想的な出来事が集約されているとみられる〈谷戸二〇〇五〉。平城天皇は、退位後に平城遷都を企て、失敗すると亡くなるまで奈良にいた。このような、「なら」と関わりの深い天皇の治世に、和歌の歴史にとって重要な出来事が重ねられ、理想的な過去の時代としての位置が与えられているのである。

先にみたように、「やまと」の「歌」は、人びとにとっての共通体験のような過去を媒介することで、共感を成り立たせると考えられていた。そのような「やまと」の「歌」の共感の根底にある人びとに共通する過去は、「なら」に遡ると意識されていたのではなかろうか。ここでいう「やまと」とは、「なら」という和歌にまつわる特別な出来事を起点とする、過去の象徴として意識されていたと考えられる。そのような「やまと」を共有する人びとにとって、共感を成り立たせることばであることが意識され、それ以前からある「歌」は、「やまと」の「歌」としてとらえ直されたのではなかろうか。

『古今和歌集』仮名序は、「なら」を含む「やまと」に象徴される過去を共有する人びとが共感を成り立たせるためのことばとして、「やまと歌」を位置づけているといえよう〈長田二〇二〇〉。

四、平安京と仮名文学

新たに書かれはじめた仮名文学には、人びとが身分を問わずに和歌を詠み、共感を成り立たせる社会が表現されていた。その共感を支えるものとして構想されたのが、人びとにとっての共通体験のような過去の象徴としての、「なら」を含む「やまと」である。

この「やまと」を基盤とした共感が必要とされた背景には、平安京への遷都という出来事が密接に関わっていたのではなかろうか。五畿七道が交わり、河川交通に恵まれた平安京は、多様な人びとが集う交通の結節点であった。そこでは、さまざまに異なる人びと同士のつながりを支える観念が求められたと考えられる。

そこで、かつて都が置かれた「やまと」や「なら」が平安京への遷都を経て相対化され、人びとにとっての共通体験のような過去の象徴としてとらえ直されたのではなかろうか。さまざまに異なる人びと同士であっても「やまと」という過去を共有しているために通じ合うことができるという意識が、多様な人びとが交錯する平安京の社会に必要とされたと推測される。

もっとも、なぜこのような共感のあり方でなければならなかったのかについては、平安京遷都以前の人間関係のつくり方を踏まえて、あらためて検討する必要があろう。ただ、多様な人びとが共通の基盤を前提に通じ合うことが求められ、その思想が新たに仮名文学に表現されたことは、平安京という交通の中心地への遷都とも方向性を同じくする出来事であったと考えられるのである。

「やまと」は、平安京への遷都を経て相対化され、さまざまに異なる人びとにまとまりを与える観念としてとらえ直された。仮名文学は、「やまと」を基盤としてことばによる共感を成り立たせる社会の表現として書かれはじめており、そのことに歴史的な意義があると考えられる。平安京はのちの時代にかけて長く続いていくが、その場所を中心とする社会集団を支える価値観は、新たに創り出された仮名文学に表現されているといえよう。

【参考文献】
西村さとみ「唐風文化と国風文化」（吉川真司編『日本の時代史五 平安京』吉川弘文館、二〇〇二年）
長田明日華「仮名文学の誕生と『やまと』」（小路田泰直・田中希生編『私の天皇論』東京堂出版、二〇二〇年）
谷戸美穂子「『古今和歌集』仮名序と『ならの帝』」（『日本文学』第五四巻第四号、二〇〇五年）
『古今和歌集』（小島憲之・新井栄蔵校注『新日本古典文学大系五 古今和歌集』岩波書店、一九八九年）
『土佐日記』（長谷川政春・今西祐一郎・伊藤博・吉岡曠校注『新日本古典文学大系二四 土佐日記 蜻蛉日記 紫式部日記 更級日記』岩波書店、一九八九年）

色で読み解く平安貴族社会

小菅　真奈

一、はじめに

天皇や貴族をはじめとした幅広い階層の人びとが生活する都市――平安京。平安時代の仮名の文学作品には、平安京で生活するさまざまな人が生き生きと描かれている。ここでは、平安京に住むそのような人びと、とくに平安貴族社会に生きる人びとのことを仮名文学にみえる色という視点から考えてみたい。

二、平安時代の色

人を仮名文学にみえる色から考えるとはどういうことか。たとえば、平安中期、一〇世紀後半頃に成立した『うつほ物語』という日本最古の長編文学には、次のような記述が至る所にみられる。

六の宮、紅の掻練《かいねり》のいと濃き一襲《ひとかさね》、桜色の綺《き》の同じ直衣《のうし》・指貫《さしぬき》、葡萄《えび》染めの下襲《したがさね》奉りて、（中略）いと小さく、ひちちかに、ふくらかに、愛敬づき給へり。（中略）八の宮は、浅黄の直衣・指貫、今様色の御衣、桜襲奉りて、（中略）いと貴にきびはにて、何心もなき顔し給ひて（後略）

（『うつほ物語』）

朱雀院の皇子である六の宮・八の宮の着用する装束が、「紅」「桜色」「葡萄」、「浅黄」「今様色」「桜襲」などの多種多様な色で事細かに表現されているのである。

この記述をみると、読者は次のように思うのではないか。すなわち、これは無味乾燥な単語が羅列されているだけで、ここから人と色に関する重要な何かを引き出せそうにはない、と。

しかし私は、仮名文学の随所にみられるこのような表現が、じつに奥深いものだと考えている。

そもそも古代の社会における色として、真っ先に思い浮かぶのは「位階の色」ではなかろうか。律令制下の古代日本における官人は、一位から初位まで、人が位でランキングされていた（位階制）。そして、

一〜三位　紫
四・五位　緋
六・七位　緑
八・初位　縹《はなだ》

と位階に相当する服色を定め（衣服令）、天皇を頂点とした官人秩序を可視的に明示したのである。

以上を念頭に置き、ふたたびはじめの史料に戻ってみると、そこには位階の色ではない色が多種多様に記されていることがわかる。

伊原昭氏は、平安時代にそれ以前の時代にはない「新しい性格の色」が多く生まれ、文学作品にみられるだけでも一三〇種以上に及ぶという重要な指摘を行っている。つまり、上記の史料のような登場人物に多量な色を重ねる表現は、平安期以前において当たり前にみられるものではなかったのである。また、平安期以前の色は染色に使用した染料がそのまま色名となった

が、「桜」や「紅梅」などの平安期の「新しい性格の色」の多くは、染料とは無関係な類似した自然物が色名になっているという〈伊原一九六七・一九八二〉。

このように、平安期の仮名文学において色の命名方法が変化し、その数も著しく増加した。そして、以上の色の多くは、「青い空」や「白い椅子」などのように自然や物を形容するのではなく、「桜色の綺の同じ直衣・指貫」や「今様色の御衣」といったように、登場人物の着用する装束を表現したのである。したがって、平安期に登場した「新しい性格の色」は、人間と密接に関わり合っていたといえよう。

さらに興味深いのは、多種多様な色で登場人物を表現するという方法が『うつほ物語』以前に成立した仮名の文学作品、すなわち『竹取物語』や『伊勢物語』『大和物語』などにはみられない、新たな表現形式という点である。そこで、私たちは人間と色彩に関する考察を『うつほ物語』からはじめてみよう。

三、『うつほ物語』にみる色彩表現

水尾詩宴

色彩表現転換の画期となった『うつほ物語』の前半は円融朝（九六九〜九八四年〈安和二〜永観二〉）末年頃、後半は一条朝（九八六〜一〇一一年〈寛和二〜寛弘八〉）初期頃に成立したとされる。物語は清原俊蔭《きよはらのとしかげ》、俊蔭の娘、その息子の藤原仲忠、その娘のいぬ宮一族の秘琴伝授を中心に展開していく。琴の秘技は貴族社会の折々に催される饗宴《きょうえん》でたびたび披露された。

ここでは『うつほ物語』の色彩表現の特徴が全巻のなかでもっともよく表れている「国譲《くにゆずり》・下」巻の水尾詩宴《みずのおしえん》を例として挙げる。「国譲」巻は、藤原氏所生の皇子と源氏所生の皇子との東宮争いが語られる巻である。激しい政争が繰り広げられるなか、藤原氏の主要成員である仲忠をはじめとする人びとは、出家した源仲頼の住む水尾（京都市右京区）へ出かけた。その際の彼らの装束は、

藤原仲忠が「白き綾の指貫、襖《あお》、露草して蝋《ろう》摺《ず》りに摺りて、白き綾の袿《うちき》」と白系統、

源涼《みなもとのすずし》が「赤色の織物の襖、鈍《にび》の指貫、綾掻練《あやかいねり》の袿」と赤系統、

藤原季英が「青鈍の襖」と青系統、

良岑行正が「青色の襖、白の指貫、薄色の綾の袿」と青・白・薄紫色で、

じつに多種多様である。

このように当該場面においては、行列として水尾へ移動していく人びとの着用する装束が、それぞれに異なった色で事細かに描き分けられている。そしてこのあと、公達が華やかな詩歌管弦（史料用語では「遊び」）を催す様子が記されていく。そこでは、琴の音に感動した人びとが「山のも里のも、皆、涙落とさぬはなし」と、山に住む人も都に住む人も、琴の音色を聴

いて一体になって涙を流す様子が語られる。「遊び」が終了すると、仲忠一行が水尾から帰京する様子が、ふたたび色彩表現をともなって描かれる。こうして一連の水尾詩宴の物語が終了するのである。

以上から、色は物語のすべての場面、すべての登場人物にランダムに付されているのではなく、「遊び」に向かう登場人物に特徴的に記されていることが明かとなった。その際、色を付して描かれた人物は、一連の水尾詩宴――「遊び」――の描写全体に散りばめて描かれるのではなく、会場に移動していく場面に一つの行列、まとまりとして調和をもって記される。詩歌管弦がはじまると、色彩表現は消えてしまう。

これらのことから『うつほ物語』は、意識的な色の使い分けを行っていると考えられよう。さらに、この意識的な色の使い分けは、おおむね物語の全体を貫いている。つまり、上述の構造は、『うつほ物語』全編を通してみられる特徴的な表現形態なのである。

神泉苑の紅葉賀

『うつほ物語』には、水尾詩宴のほかにも数多《あまた》の「遊び」の場面が登場する。しかし、そのすべてに水尾詩宴にみられたような特徴的な色が描かれるわけではない。

次に、上述した色とは異なった表現がもっともよく表れている「吹上・下」巻の神泉苑の紅葉賀《もみじのが》を例として挙げ、文学作品にみえる色が表現するものについて、より深く考えていきたい。

紅葉賀では、水尾詩宴と同様に「遊び」が展開していき、琴の音色に感動した人々が「帝より始め奉りて、そこらの人、涙落とし給ふ」と、帝をはじめ、その場にいる人々が、琴の音色を聴いて一体になって涙を流している。しかし、そこには水尾詩宴と異なる表現もみられる。それが色彩表現の有無である。

水尾詩宴では色彩表現が「遊び」への導入となっていたが、紅葉賀では色を記すことなく、朱雀帝の主催する「遊び」の記述へ入っている。このように「遊び」の導入部分に色彩表現がみられない紅葉賀だが、じつは和歌のなかに位階の色が読み込まれている。それが、

「松風しかく吹き干さば紫の深き色をばまたも染めてむ」

「紫に染むる衣の色深み干すべき風の温《ぬる》きをぞ思ふ」

などである。

ここでは琴の演奏に感動した帝によって、藤原仲忠と源涼に正四位・左近中将が授けられたことを、「紫」という位階の色で表現している。「位階の色」はすでに確認したように、天皇との関係性の遠近、すなわち一位の人は天皇との関係がより近く、八位や初位の下級官人はそれと比べてより遠いことを可視的に表現するものであった。

振り返ってみるに、紅葉賀は天皇が同席する「遊び」の場であった。すなわち紅葉賀においては、天皇を中心とした関係性の遠近によって、色が位階を表現するそれに限定されたと推察される。

一方、水尾詩宴は天皇が同席しない「遊び」の場であった。すなわち、水尾詩宴は天皇が関わることのない、臣下同士の「自由」な「遊び」の場であり、位階の色にこだわらない多種多様な色が表現されたのではなかろうか。

水尾詩宴と紅葉賀は、表現される人びとの関係性が異なっていたのである。ここから『うつほ物語』は、場面によって、異なった論理をもって色を使い分けていたといえよう。

四、『うつほ物語』の画期性と、のちに続く物語

それでは、『うつほ物語』の二つの色彩表現の使い分けには、どのような意味があるのだろうか。

まず紅葉賀では、和歌に位階の色が読み込まれることで、天皇を頂点とした君臣関係が表現されていた。すなわち、縦のつながり・ヒエラルキーが色を通して描写されていたのである。

しかし『うつほ物語』の色は、以上のような君臣関係を表現することにとどまらなかった。むしろ位階のつながりに限定されない関係性を多種多様な色で表現しており、物語全編を通し

たその書きぶりからも、こちらにより比重があると思われる。水尾詩宴では、さまざまな色をもつ登場人物をまとまりとしてとらえることで、臣下同士の関係性、すなわち横のつながりを象徴的に描写していたといえよう。

なお、平安貴族の多種多様な色、すなわち個性を描くことで、彼らのまとまり——調和が表現されている点は興味深い。さまざまな位階・官職・家柄・立場・境遇の人びとで構成される集団が、縦のつながりではなく横のつながりとして調和するためには、個性の表出が必要不可欠であったことを示唆しているかのようである。

さらに、水尾詩宴と紅葉賀の二つの「遊び」は、物語のなかでともに重要なものとして位置づけられていた。『うつほ物語』の「遊び」の場面には、君臣の縦のつながりと臣下同士の横のつながりがともに重視され、それらが相互に関わり合うことによって、秩序が維持されていく貴族社会が描かれていたのではなかろうか。このように、文学作品にみえる色は、当該期の人間関係や社会秩序を象徴的に表現していたのである。

『うつほ物語』以降に成立した仮名の文学作品にも、登場人物を多種多様な色で表現する方法が、形を変えつつ受け継がれていることから、これらの色もなんらかの人間関係や社会秩序を表現したものと思われる。

たとえば、二〇二四年放送の大河ドラマで話題の『源氏物語』では、物語を展開させていくうえで、色が不可欠の要素になっていると言われる〈伊原一九六七・一九八二〉。たしかに『源氏物語』にみえる色は、『うつほ物語』のような「遊び」の場に限定されないさまざまな場における、男女・夫婦・親子・親族関係などの官人秩序にとどまらない個人的な関係を表現している。色が表現する人間の関係性は、『うつほ物語』と比較してより広がっているのである。

このように、登場人物同士の関係性を多種多様な色彩で描写するという表現の出発点となった『うつほ物語』の色は、やはり画期的なものであったといえよう。

五、むすびにかえて——文学作品にみえる色が表現するもの

石母田正氏は、『うつほ物語』をことばを重ねて説きつくし描きつくしうる「散文」という形式によって、人間生活の複雑な連関や微妙な細部を描写しようとした物語だったと指摘する。そこには、平安京の都市生活で遭遇しうるあらゆる層の人間が、それぞれの役割をもって登場している。異なる生活の条件があるところには、それだけ異なった人間の型が存在するという認識を作者がもっていたからである〈石母田一九四三〉。

しかし平安京で生活する人びとの多くは、『うつほ物語』において色で表現されていない。本書以前にはみられない「新しい性格の色」で表現されたのは、貴族社会に生きるかなり限定された上位の人びとであった。君臣関係に象徴される縦のヒエラルキー、あるいは臣下同士の

横のつながり、または官人秩序に限定されない人びとの個人的な関係。貴族社会で生活する人びとが、日々どのような関係でもって社会の中で生きていたのか。色彩表現は現代の私たちにそれを教えてくれる。

陰陽師《おんみょうじ》、博打《ばくち》、翁・嫗《おうな》、市女《いちめ》、京童部《きょうわらわべ》、牛飼、山伏。このような人びとは、たしかに石母田氏が指摘するように『うつほ物語』に生き生きとその存在が描かれており、一個の人間の型として客観的に認識されはじめていたと考えられる。しかし、彼らが相互にどのように関わり合い、社会の中で位置づけられていたのか、それを象徴的にとらえるまでには至っていなかったのではなかろうか。『うつほ物語』において彼らが色で表現されていない理由は、ここにあると推察されよう。

なお、『平家物語』などの中世の文学作品に至ると、彼らの一部は色で表現されるようになっている。社会の重要な構成員として、そして時に排除されるべき存在として、当該期における彼らの位置づけが明確化してきているのではなかろうか。

このように、仮名文学にみえる色は、文学的な装飾や、人物・場面を彩る手法にとどまるものではない。無味乾燥な単語の羅列のようにも思える色彩表現を分析することで、平安期、あるいはその後の時代における人間の関係性や社会秩序の内実について深く考えることができるのである。

【参考文献】
伊原　昭『平安朝文学の色相――特に散文作品について』（笠間書院、一九六七年）
伊原　昭『平安朝の文学と色彩』（中公新書、一九八二年）
石母田正「『宇津保物語』についての覚書――貴族社会の叙事詩としての」（『石母田正著作集　第十一巻　物語と軍記の世界』岩波書店、一九九〇年所収、一九四三年）
『うつほ物語』（室城秀之校注『うつほ物語　全』改訂版、おうふう、二〇〇一年）

応仁の乱について

田中 希生

一、はじめに

菊池寛はいう。

応仁の大乱は応仁元年より、文明九年まで続いた十一年間の事変である。戦争としては、何等《なんら》目を驚かすものがあるわけでない。勇壮な場面や、華々しい情景には乏しい。活躍する人物にも英雄豪傑はいない。それが十一年もだらだらと続いた、緩慢な戦乱である。併《しか》しだらだらでも十一年続いたから、その影響は大きい。京都に起った此の争乱がやがて、地方に波及拡大し、日本国中が一つの軟体動物の蠕動《ぜんどう》運動の様に、動揺したのである。

此の後に来《きた》るものが所謂戦国時代だ。即ち実力主義が最も露骨に発揮された、活気横溢せる時代である。武士にとっては滅多に願ってもかなえられない得意の時代が来たのだ。心行くまで彼等に腕を振わせる大舞台が展開したのだ。その意味で序幕の応仁の乱も、意義があると云うべきである。

（菊池寛「応仁の乱」『日本合戦譚』）

通俗作家であることをあえて選んだ純文学者の描いた「応仁の乱」から一〇〇年近く経っている。だが、最新の研究も大筋は変わっていない。思うに、当時の実態というより、江戸時代の武家社会という結果の原因としてこの乱をみる傾向と、実態に即して精緻ではあれ中世後期という枠内での研究に終始する昨今の文献史学による複合的な視座が、一〇〇年揺るがぬ見解をもたらしているのである。

もちろん、結果論を単に否定したいのではない。それは過ぎ去ったものを扱う歴史の本質からして不可避だからだ。ただ、応仁の乱から戦国時代へ、そして江戸時代の武家社会へ、という武家社会内部での闘争と調和という紋切り型の物語が選択の余地のないものと考えられているから、こうなるのである。

だが、筆者は近代史家である。それゆえ別の結果を想定することもできると考える。すなわち、近世武家社会の淵源ではなく、近代社会の淵源としてこの乱をみる視座である。

二、二度目のはじまり

二〇一六年夏、天皇が譲位を望んだころ、筆者の脳裏に、戦前の知識人の二つの言葉が重なるように浮かんだ。ひとつは歴史家内藤湖南《ないとうこなん》のそれである。

大體今日の日本を知る爲に日本の歴史を研究するには、古代の歴史を研究する必要は殆どありませぬ、應仁の亂以後の歴史を知つて居つたらそれで澤山です。それ以前の事は外國の歴史と同じ位にしか感ぜられませぬが、應仁の亂以後は我々の眞の身體骨肉に直接觸れた歴史であつて、これを本當に知つて居れば、それで日本歴史は十分だと言つてい丶のでありますす(後略)

(内藤湖南「應仁の亂に就て」)

もうひとつは、国語学者大槻文彦のそれである。

下剋上……此語、でもくらしいトモ解スベシ　下トシテ、上ニ剋ツコト。臣トシテ、君ヲ凌グコト。　（大槻文彦『大言海』）

いずれもよく知られたものだが、今日の歴史学者や国語学者からは等閑に付されているものである。誰も日本の二度目のはじまりを応仁の乱に置こうとはしないし、中世の下剋上を近代のデモクラシーと同一視しても疑問を覚えない辞書が書かれる時代の空気を共有していない。

しかし、近代史家としては、こう考える。明治維新や大正デモクラシーという変革を目の当たりにした当時一流の知識人がそのように見た、ということそれ自体に第一級の価値を認めねばならない、と。一九一一年（明治四四）に南北朝正閏《せいじゅん》論争を経験した歴史学界にあって、内藤は公然と万世一系であるべき皇統を分断する――南北ではなく前後に――歴史観を披瀝《ひれき》している。これを大槻のデモクラシー理解と合わせて考えるなら、近代日本の淵源を応仁の乱にみる視座は、潜在的には筆者ひとりの思いつきというわけではけっしてない。

三、神の死

日本における二度目のはじまりを考察するにあたり、ひとつのヒントを与えてくれる存在がある。近世元禄期の霊元《れいげん》天皇である。筆者は、近世に突如現れるこの古風な諡号《しごう》が長らく気になっていた。折口信夫は大嘗祭《だいじょうさい》が「天皇霊《てんのうれい》」を受け継ぐ儀式であると喝破しているが、応仁の乱以来（正確には前年の一四六六年〈文正元〉を最後に）途絶えていた大嘗祭を二一九年ぶりに復活させたのがこの天皇である。その名「霊元」は、彼が遺詔《いしょう》により孝霊《こうれい》・孝元《こうげん》両天皇の諡号を取ってみずから定めたものだが、彼は自身の存在意義をよく自覚していたといえる。文字どおり、彼は霊の元《はじめ》を自任したのである（じつは身体的にも、彼は男系女系を問わない場合、現在の皇室および旧皇族の「もっとも近い共通祖先」である）。

裏を返せば、応仁の乱とは、少なくとも奈良朝以来、さまざまな危機がありながらもたゆまず続けられてきた「天皇霊」継承の途絶を意味している。つまり、表向き・近視眼的には、期せずして全国に飛び火してしまった武家社会内部の権力抗争という、昨今の研究者好みの物語としても間違いではない。空間的にネーションワイドである――すなわち「戦国」――、というわけだが、潜在的には、日本史全体を貫通しうる――つまり時間的にもネーションワイドであるような、一時代、あるいは前後する時代には収まらない、もっと巨大な混乱が生じていた可能性がある。つまり、東周の祭祀の途絶した大陸における「戦国」時代に匹敵する、と。

日本で「戦国」という語を用いた最初のひとである一条兼良はこういっている。

> 昔より天下の亂るゝことは侍れど、足輕といふことは舊記などにもしるさゞる名目也。

平家のかぶろといふ事をことめづらしきためしに申侍れ。此たびはじめて出來たる足がるは、超過したる悪黨なり、其故に 洛中洛外の諸社、諸寺、五山十刹、公家、門跡の滅亡はかれらが所行也。かたきのたて籠たらん所におきては力なし、さもなき所々を打やぶり、或は火をかけて財寶を見さぐる事は、ひとへにひる強盗といふべし、かゝるためしは先代未聞のこと也。

(『樵談治要《しょうだんちよう》』)

「応仁以降諸社祭祀悉廃ス」(『賀茂史略』)。応仁の乱において歴史の表舞台に登場した足軽の所業は、とりわけ神仏の世界にまで及んでいた。停止したのは大嘗祭だけではなく、内裏や仙洞御所に陣が敷かれたため四方拝や賢所御神楽《かしこどころのみかぐら》などが次々に停止、祈年祭や賀茂祭も停止、「国家第一の崇廟《すうびょう》」とされる伊勢の遷宮も停止し、朽損、頽落《たいらく》、炎上が続いて荒廃の一途を辿っていた。彼ら足軽には、奈良朝以来築き上げてきた日本の文化など、預かり知るところではなかったのである。その兼良がこういっていたことを付け加えておこう。

人為悪於顕明之地則《ひとあくをけんめいのちになすときは》、帝皇誅之《みかどこれをちゆうし》、為悪於幽冥之中則《あくをゆうめいのうちになすときは》、鬼神罰之《きしんこれをばつす》。為善獲福亦同之《ぜんをなしてふくをうるもまたこれにおなじ》。神《かみ》事則《ごととは》、冥府《めいふ》之《の》事也《ことなり》。

(『日本書紀算疏』)

乱ののちも、天皇はたしかにまだ生きていた。だが、死者の世界を主宰するはずの神は、乱によって死んだのである。

四、天下人の謎

内藤湖南は先に引いた応仁の乱についての講演のなかで、こういっている。

近頃どうかすると國史をやる人の間に、此の下剋上の意味を勘違ひして居る人があるやうで、それが教科書などにもその誤つた見方のままに書いてあるのがありますが、下剋上といふことを、足利の下に細川、畠山の管領が跋扈《ばつこ》して居り、其細川の下に三好、三好の下に松永が跋扈するといふ風に、下の者が順々に上を抑へ付けて行くのを下剋上といふやうに考へるものがあります。無論それも下剋上であるには違ひありますまいが、一條禪閤《ぜんこう》兼良が感じた下剋上はそんな生温いものではありませぬ。世の中を一時に暗黒にして了はうといふ程の時代を直接に見て感じた下剋上であるから、それは單に足利の下に細川、細川の下に三好といふ風に順々に下の者が跋扈して行くといふやうな、そんな生温いことを考へて居つたのではありませぬ。最下級の者があらゆる古來の秩序を破壞する、もつと烈しい現象を、もつと〱深刻に考へて下剋上と言つたのであるが、此の事に限らず、日本の歴史家は深刻な事を平凡に解釋することが歴史家の職務であるやうに考へてゐるやうです（笑聲起る）。これらが他流試合で、又惡口を言ふと反動が怖しいからやめます（笑聲起る）。

（内藤湖南「應仁の亂に就て」）

この内藤の発言のポイントは、昨今の学者は、歴史を平凡に（言い換えれば同時代的な常識で）解釈するのを職務にする、というところにあるのではない。むしろ、内藤以外の多くの学者が、これを足利から松永に至る、さらにいえば織田から徳川に至る、つまり下が上を凌《しの》いでいく、武家社会の階段状の秩序内部の争いとみている、という点である。そうではない、と言いたいのである。実際、下剋上を通常の学者のように理解するなら、強い者が秩序の頂点に立つという、いくら細かく論じようとも、もっとも単純で物理的な秩序理解で人間社会を論じればすむことになる。

しかし、人文学者としていうが、人間社会にあってそれはありえない。物理的な恐怖でひとを長く従わせることはできない。「天下《てんか》布武《ふぶ》」を唱えた織田信長、将軍となった徳川家康は、こうした物理的イデオロギーに齟齬《そご》しないが、問題は豊臣秀吉である。なぜなら彼は公家の頂点に立ったからである。秀吉という存在は、応仁・文明期以来の戦乱が徳川政権の樹立をもって秩序を回復し、平和に至る、という武家社会持続の物語のなかに挟まったひとつの異物なのである。

五、豊臣政権の意味

多くの研究者が、秀吉の血筋を問題にする。鎌倉期以来の武家社会という前提、あるいは江戸期の武家社会という結果から、「ほんとうは将軍になりたかった」という検証不能の思惑を想定し、なおかつ「なれなかった」という点に力点を置く。そしてここで彼の卑賤《ひせん》の血筋を持ち出す。これも検証不能の「コンプレックス」から、高い官位に憧れ、「将軍」の代替物として「関白」をめざした、というストーリーに流し込むわけである。こうして彼の内面に及ぶ個人的な理由にしてしまえば、武家社会という前提はまったく崩さないですみ、関白就任の謎もなくなるからである。

それにしても、幾度も死線をくぐり抜けてきた英雄に対して、我われ現代人と同じような幼稚な精神を想定するのは、はたして学問的だろうか。大方が受け入れている、秀吉の精神に土足で踏み込むようなこのストーリーは検証不能であり、肯定も否定もできないが、そもそも議論の前提にすることさえできない。

一五八四年（天正一二）三月一七日、伊勢の慶光院周養《けいこういんしゅうよう》宛《あ》てに書かれた秀吉の重要な自筆書簡がある。

わさと申候、いせ《伊勢》御せん宮の事、すなハちおもひたち、まつ五千くわん《貫》の分に、きかね《黄金》二百五十枚、うはへ《上部貞永》にわたし、やうたい申ふくめ候てつかハし候、よろつ《万》うはへ《上部》とそのはうたんかう《談合》候て、よきやうにさたあるへく候、なを〳〵くハしくかさねて申へく候、かしく、

（『豊臣秀吉文書集』第二巻、九七三号）

伊勢の遷宮復活を認めるこの書簡は、小牧長久手《こまきながくて》開戦から九日後に書かれている。つまり、家康・織田信雄《おだのぶかつ》連合軍に敗北する前である。多くの学者がこの敗北を関白就任の理由に挙げるが、敗北以前に書かれたこの書簡は、その前提を崩すものである。なぜか。しばらく彼の動きをみていこう。

伊勢遷宮を認めたのち、五月一日には比叡山延暦寺根本中堂再興を許可し、九月三日には長谷寺観音堂造営、年が明けて比叡山西塔へ造営料、四月に高野山存続認可・復興着手、と進む。

彼がこうした寺社仏閣の再興に力を注いだことと、猟官活動は軌を一にする。織田政権とは正反対の一連のこうした宗教政策は、一五八五年七月一一日の関白就任を機会にさらに深まっていく。就任翌日に法華宗を弾圧する安土証文の返還、泉涌寺《せんにゅうじ》・大覚寺・大徳寺・天龍寺・東寺・東福寺・松尾社に経済的保護の代わりに「勤行《ごんぎょう》仏事」「堂舎修理」「社中修理」を要求、そ

して翌八六年四月一日には奈良東大寺再建候補地として、みずから京都東福寺近辺を調査している。さらに天下統一のなる一五九〇年には、かつて神祇《じんぎ》官《かん》で祀られていた天皇の守護神である祭神八座（神産日神《かみむすひのかみ》・高御《たかみ》産日《むすひ》神・玉積産日《たまづめむすひ》神・生産日《いくむすひ》神・足産日《たるむすひ》神・大宮売《おおみやのめ》神・御食津《みけつ》神・事代主《ことしろぬし》神）を祀る八神殿を吉田神社に遷座している。

　要するに、彼の関白就任は、単に将軍より高い位を求める、というような現代人に理解しやすい幼稚な話ではなく、清水有子のいうように、こうした宗教政策――神々の世界の再興――と密接な関わりがあるとみなければならない〈清水二〇一七〉。

　脇田晴子によれば、中世においても「宗教統制権」は、伝統的に朝廷に属した〈脇田二〇〇三、一一～一二頁〉。「宗教統制権」はこなれない用語だが、国家祭祀に関わる権能が、依然として天皇、そしてそれを補佐する藤原氏にあるのは当然である。鎌倉時代以来、武家権門は相対的にみればおのれの職分に忠実だったのであり、そもそも天皇家からそれを力ずくで奪うようなことはしなかったのである。

　先の兼良の言葉をもう一度引いておこう。「神事則《かみごととは》、冥府《めいふ》之《の》事也《ことなり》」。兼良は藤氏長者《とうしのちょうじゃ》として、天皇が主宰するさまざまな国家祭祀を補佐する立場にあった。秀吉が手をつけたのはここである。すなわち、「神事《かみごと》」の再興であり、戦国期に数多生じ、彼が敵味方を問わず幾度も見つめた死者の世界に君臨する王たることである。いくら「下」を「上」から力でねじふせようと、結局は鎮まることなく、湧き上がる民衆の死の不安とその反動としての死の散乱を取り除かないかぎり、真の平和など訪れようがないからである。やがて秀吉は、「日本ハ神国たる処」（一五八七年六月一九日付豊臣秀吉定書）を国内外に主張するようになる。

「すなハちおもひたち」――神の世界に対する秀吉の気付きは、伊勢の慶光院周養宛ての書簡にはじまっているが、これには前史がある。応仁の乱をまたぐように生きた吉田《よしだ》兼倶《かねとも》（一四三五～一五一一年）は、文明年間におそらくたった一人で吉田神道（唯一《ゆいいつ》神道）を集成している。彼は「吾国開闢以来唯一神道是也」というが、彼の信じた神、すなわち伊勢をしのぐ虚無太元《そらなきおおもと》尊神《みことかみ》は、彼の創造したまったく新しい神である。彼は、伊勢より三種の神器が吉田社にくだったと強弁していたが、すでに神は特定の居場所を失って発散し、非常に抽象化され、逆説的にスピノザのごとき汎神論化された世界観を有していた（あらゆるものが神性を分有するがゆえに、人が神になる道が開かれている）。

　これが応仁の乱における「神の死」と連動していることはいうまでもないが、彼の試みを理解する為政者は、現世の抗争に明け暮れるばかりでなかなか現れなかった。四代後の兼見《かねみ》の時代に、虚無太元尊神はようやく秀吉という――むろん、秀吉とて初めからそれを理解していたわけではないし、当初は唯一神道と対立する伊勢から手を付けたとはいえ――権力者と出会ったのである。

いずれにしても、これは兼良も想定していなかっただろう。氏素性の知れぬ足軽が破壊した乱以前の古い秩序を、同じく氏素性の知れぬ男が、古来天皇祭祀を補弼《ほひつ》してきた藤原を名乗り、しかも兼良と同じ藤氏長者となって、再興しようとしているのである。傑出した教養人である兼良が聞けば卒倒しかねない、最高級の歴史の皮肉である。

六、京都と民衆統治

小林秀雄はいう。

日本の歴史は、戦国の試練を受けて、文明の体質の根柢から改造を行った。当時のどんな優れた実力者も、そんなはっきりした歴史の展望を持つ事は出来なかったであろうが、その種の意識を、まるで欠いていたような者に何が出来るわけでもなかった事は、先ず確かな事であろう。乱世は「下剋上」の徹底した実行者秀吉によって、一応のけりがついた。尾張の名もない下民から身を起した男が、関白にまでのし上ったとは、前代未聞の話であるが、それよりも、当時の人々は、恐らくこれを、何処にも腑に落ちぬものの隠されていない、いかにも尤もな話として納得したに相違ない、それを考えてみる方が興味がある。

（小林秀雄『本居宣長』）

京都の民衆は秀吉を支持した。京都の外からやってきた一族としては、歴史上きわめて稀有《けう》なことである。保田與重郎はこういっている。

（前略）物語の中で書かれた、木曾義仲の京師に於ける乱暴といふのは、大へん気の毒に取り扱はれてゐる。木曾のなほ磨かれてゐない璞石のやうな性格の美しさは、しかし日本の代々の少年は知つてゐたであらう。それは平家物語も盛衰記もなつかしく描いてゐる。（中略）木曾が京都を保持したのは五十餘日である。古代朝敵であつて京都を五十日保留したものはないといふのが当時の世評であつた。それは木曾の性質が決して悪くないといふ民衆の一つの判断を示してゐる。（中略）物語の中では、猫間中納言《ねこまのちゆうなごん》光隆が木曾を訪れたときの話と木曾院参の牛車の話が滑稽に描かれてゐる。猫間殿の話は、実にたわいない挿話であるが、寓意の多い話である。猫間殿が食事時に木曾を訪問したので辞退するのを無理に饗応する話で、木曾の都ぶりを習はぬことを諷したものであるが、平家物語をみても、盛衰記をみても、実に上手に木曾のまごころが描かれてゐて、武士の精進合子《しようじんごうし》を汚ながる京都公卿が巧みに写されてゐる。彼らの社交術には、もうまごころをうける方法を知らない、璞石《はくせき》を知らない程に、爛熟《らんじゆく》したものがあつたのである。（中略）京都公卿のやうに田舎人の純情を軽蔑しうることも亦ある意味で立派である。（中略）普通の「現代」は新しいものに対し、多少とも「京都公卿的」である。（中略）いつも「現代」が、猫間殿を冷静にしたやうな立派さを行ってゐるとは一概にいへない。

（保田與重郎「木曾冠者」）

平家物語や源平盛衰記を引きながら義仲に対する愛を隠さない保田のこの見解は、当代一流の豪傑とて、京都の人びとはこれを試すのをためらわないことをよく指摘しえている。言い換えれば、物理的な力は恃《たの》むに足りないのである。よくよく考えてみれば、信長が横死した本能寺の変で驚くべきは、一説に三〇〇〇騎と呼ばれる兵士に完全包囲されるまで、信長はもちろん小姓たちもそれに気づかなかったことだ。

つまり、京都の民衆はそれを見ていながら黙っていた（『信長公記』によれば、そのとき起きた喧騒《けんそう》も、下々の者の喧嘩程度と見なされている）のである。政治を知る京都の民衆の恐ろしさ、したたかさといっていい。

京都をおさえたのはたった五〇日あまりと呼ばれる義仲、三代かけてようやく京都に入った足利将軍家、京都に横死した信長や明智光秀、そもそも京都に入りさえしなかった頼朝や家康と、秀吉は何が違ったのか。それは今や明らかである。神々に対する決定的な態度変更である。

秀吉の跡を襲った秀頼とその母淀君とが、畿内を中心におびただしい数の寺社仏閣を再興した（熱田神宮や出雲大社の社殿再建など、所領を越えて豊臣氏の力は及んでいる）ことは、将軍家とは異なるこの政権の性格をよく示している。まるで畿内一帯を聖地化するかのごとく、豊臣政権は高野山、吉野、熊野に大伽藍《だいがらん》を建築し、さらには当時日本最大の建造物である東山大仏殿（通称方広寺大仏殿）建立を実現する財力を誇示していた。現世の王がしばらく徳川家となることに異存はなかったようだが、豊臣氏は依然として死者の世界では王として君臨しようとしていたのである。

しかし、方広寺大仏殿開眼供養直前、大坂の陣が勃発。豊臣氏は滅亡する。かくして、応仁の乱で死んだ神の復活は、のちの時代に——近代に——託されることになる。ただし、方広寺大仏殿は豊臣氏滅亡後、もう一度活躍の場面が与えられる。一六一九年（元和五）、秀忠上洛を契機に行われた京都のキリシタン処刑に際して、大仏殿に向かい合うように十字架が立てられ、そこで火炙《ひあぶ》りが行われている（『イエズス会年報』）。いくら豊臣政権を否定しようと、民衆統治における神的なもののもつ重みを、徳川政権も利用せざるをえなかったのである。

七、結論

ニーチェはいう。

神の条件。——「神自身、賢明な人間なしには存立できない」、とルターが言ったのは、まことにもっともな言い種だ。だが、「神は、賢明でない人間がいなければ、なおもって存立できない」——とは、さすがのルターも言いはしなかった！（中略）

われらの快活さが意味するもの。——近代の最大の出来事——「神は死んだ」ということ、キリスト教の神の信仰が信ずるに足らぬものとなったということ——、この出来事は早くもその最初の影をヨーロッパの上に投げ始めている。（中略）崩壊《ほうかい》、破壊、没落、顛覆等の長期にわたってぎっしり詰まったこの陸続たる系列、そうしたものの到来が今や眼前に差し迫っている。（中略）しかし（中略）われわれ哲学者であり「自由な精神」である者は、「古い神は死んだ」という報知に接して、まるで新しい曙光《しょこう》に照らされでもしたような思いに打たれる。われわれの胸は、このとき、感謝と驚嘆と予感と期待とに溢《あふ》れみなぎる、——水平線はついに再びわれわれに開けたようだ、まだ明るくなってはいないにしても。

（ニーチェ『悦ばしき知識』第三・五書）

戦乱から平和へ、神から人間へ、非合理的なものから合理的なものへ、という紋切り型の物語の終幕に、徳川幕府樹立を、そして近代日本を置く。この通俗的な歴史の見方から離れて、神の死とその復興という形でみたときに見えてくるものがある。それは、江戸時代が、神々の抑圧の時代だったということである。

当然だが、軍事を司るにすぎない将軍職には、国家規模で神的なものを扱うなんらの権利もなかった。言い換えれば、徳川家康は、関白になることができなかったのである。したがって、祭政不一致のまま将軍権力を頂点に置くためのさまざまなイデオロギー操作——すなわち日本は武家社会である、という神話を必要としたのである。

ニーチェにしたがうなら、たとえ神が死んでも、人間が変わらないかぎり、神を後景にしりぞけただけで、神ははたらいている。江戸時代はそういう時代である。それに我われが気づかないのは、敗戦により外部から徹底的に合理化された戦後社会を生きているからである。神々を見る目をもたない我われには、秀吉の行動の謎に触れることさえできないのである。

「すなハちおもひたち」——こうした神の自覚が、秀吉に天下をもたらした。だが、次いで確立した政権は、その神々を抑圧することで、仮初《かりそめ》の平和を人びとにみせることになった。しかし、それは同時に、日々、人が感じている死の不安の抑圧にほかならない。この抑圧から人びとを解き放つのが、国学者の本居宣長、そして平田篤胤である。

日本の近代化は、神から人間へ、という合理化の道ではなく、《神々の復活》というストーリーのうちに展開することになる。

【参考文献】

菊池　寛「応仁の乱」（『日本合戦譚』文春文庫、一九三三年）
内藤湖南「應仁の亂に就て」（『内藤湖南全集』第九巻、筑摩書房、一九六九年所収、一九二一年）
大槻文彦『大言海』（冨山房、一九三三年）
一条兼良『樵談治要』（塙保己一編『群書類従　第二七輯　雑部』八木書店、一九六〇年所収）
一条兼良『日本書紀算疏』（真壁俊信校注『神道大系古典註釈編三　日本書紀註釈（中）』神道大系編纂会、一九八五年所収）
『豊臣秀吉文書集』（名古屋市博物館編『豊臣秀吉文書集　二　天正一二年〜天正一三年』吉川弘文館、二〇一六年所収）
清水有子「豊臣秀吉政権の神国宣言――伴天連追放令の基本的性格と秀吉の宗教政策を踏まえて」（『歴史学研究』九五八号、二〇一七年）
脇田晴子『天皇と中世文化』（吉川弘文館、二〇〇三年）
小林秀雄『本居宣長』（新潮文庫、一九七七年）
保田與重郎「木曾冠者」（『保田與重郎文庫　第一巻　改版　日本の橋』新学社、二〇〇一年所収、一九三七年）
ニーチェ『悦ばしき知識』第三、五書（信太正三訳『ニーチェ全集』第八巻、ちくま学芸文庫、一九九三年所収）

自由民権運動の背景――天橋義塾と南山義塾

八ヶ代 美佳

一、はじめに

自由民権運動は、明治前期に高揚した近代日本最初の全国的規模の民主化運動といわれる。その発端は、一八七四年（明治七）一月、板垣退助《いたがきたいすけ》・後藤象二郎《ごとうしょうじろう》・副島種臣《そえじまたねおみ》・江藤新平《えとうしんぺい》らがイギリス留学から帰国した古沢滋《ふるさわしげる》・小室信夫《こむろしのぶ》とともに愛国公党を結成し、同一七日に「民撰議院設立建白書」を左院へ提出したことによる。

愛国公党そのものは、江藤新平が一八七四年に起きた佐賀の乱に加担したことによりわずか数か月で消滅するが、この建白書の内容が明治政府の准広報誌的役割を果たしていた新聞『日新真事誌』に掲載されたことにより、新聞や雑誌上で民撰議院論争が展開され、国会問題、とくに議院の早期開設の是非が広く論じられるようになっていくのである。

本論では、この自由民権運動に関わる史料を使いながら、彼らがなぜ民撰議院設立をもって自由民権運動を進めようとしたのかについて考える。そしてそのうえで、天橋義塾《てんきょうぎじゅく》と南山《なんざん》義塾を題材に――『京都の自由民権運動』〈京都府立丹後郷土資料館一九九一〉・『天橋義塾と自由民権運動』〈京都府立丹後郷土資料館二〇一八〉・『田辺町近代誌』〈田辺町近代誌編さん委員会一九八七ＡＢ〉などを参照しながら――京都における自由民権運動について述べる。

二、「立志社設立趣意書」にみられる人民観

自由民権運動について説明するうえで忘れてはならないのは、明治六年の政変（一八七三年）がその契機となったことだろう。先に挙げた自由民権運動の提唱者ともいえる彼ら――板垣退助・後藤象二郎・副島種臣・江藤新平ら――は、いずれもこの政変により下野した参議たちである。「民撰議院設立建白書」の冒頭は、政変後に成立した政府（大久保政権）の「有司専制」批判にはじまり、このまま状況が変わらなければ国家は土が崩れるように崩壊していくのであり、これを救うために「天下の公議を張る」民撰議院設立が必要だと論じられている。

つまり、大久保政権の「有司専制」に対抗する手段として、民撰議院設立が挙げられているのである。しかし彼らが民撰議院設立をもって自由民権運動を進めようとした理由は、それだ

けではない。ここには彼らの人民観が深く関係している。

「民撰議院設立建白書」を提出したうちのひとり、板垣退助は故郷の高知（土佐）に帰り、一八七四年四月に片岡健吉・植木枝盛らとともに政治団体立志社を設立する。立志社は自由民権運動において中心的な役割を果たした団体のひとつで、政府の専制政治を批判し、地租軽減・徴兵制度の廃止などとともに国会開設・立憲政体樹立を求めた「立志社建白」（一八七七年）が有名であるが、この立志社の設立趣意書（「立志社設立之趣意書」）には、次のような一節がある。

> 欧人《おうじん》言へるあり、国は人民反射の光なりと。故に一人民の気風、苟《いやしく》も衰ふ、則《すなわ》ち天下一人民の元気を失ふ、天下千万人の元気を失ひ、而《しこう》して日に益《ますます》甚《はなはだ》しければ、則ち国安《いずく》んぞ能《よ》く独《ひと》り其昌盛《そのしょうせい》富強を致さん乎《や》。（中略）我輩誠に発奮し、天下の元気を振はんと欲す。則ち宜《よろ》しく先《ま》づ自《みずか》ら修め、治むるよりして始め、而して人民の権利を保有し、以《もっ》て自主独立の人民となり、欧米各国自由の人民と比交《ひこう》し得るを務めずんばあるべからず。
>
> （「立志社設立之趣意書」）

西欧の人びとは、国は人民反射の光であるといった。それゆえに、もし仮に一人の人民の気風（気質）が衰えれば、世の中は一人分の元気——国家や組織が存続するうえで必要な活力——を失うことになる。世の中が一〇〇〇万人の元気を失い、さらにそれが日を追ってますます激しくなれば、どうして国家だけが栄え富強となることができるだろうか、いやできない、というのである。

「立志社設立之趣意書」にはこのほかに、「人民は国の本《もと》なり」「人民なる者《もの》国の本なり」という言葉も登場する。彼らは人民の気質によって国家の盛衰が左右されると考えていた。だからこそ日本人が自律的にみずから考え、みずからの責任において行動し、人民の権利（人権）を保有して「自主独立の人民」となり、「欧米各国自由の人民」と肩を並べうることを期待した。

当時の日本が急務としていたのは、欧米諸国とのあいだに結ばれた不平等条約の解消である。そのため明治政府は、日本が「半未開国」の地位から脱却すること、言い換えれば主権国家たる「文明国」になることをめざして、欧米諸国と対等な関係を樹立するという対外国是「万国対峙《たいじ》」を掲げ、近代化政策を進めていた。

「立志社設立之趣意書」にみられる「欧米各国自由の人民と比交し得る」という言葉も、この対外国是「万国対峙」の言い換えだと考えられるが、国家主体ではなく人民主体で「万国対峙」を語っているところが興味深い。これもまた、欧米各国の富強が自修自治の精神をもった人民に支えられているという認識に基づくことからきた表現だろう。

そしてこのような考えに立つがゆえに、彼らは次のように述べる。

加之《これにくわう》るに人民已《すで》に至《し》貴《き》至重《しちよう》の権利を受け、以《もつ》て天下に独立し得《う》べきの理《ことわり》を有す。則《すなわ》ち其《そ》の自ら修め自ら治め、以て其《その》政府に依頼すること過甚《かじん》ならざる者《は》、亦《また》其《そ》の責任なり。故に其《その》自ら修め自ら治むる者《は》、即《すなわ》ち我輩人民たる者《もの》の務《つとめ》なり。

（「立志社設立之趣意書」）

人民は（天から与えられた）このうえなく尊く重大な権利を受け、そうして天下に独立して立つ理《ことわり》を有するのだから、その人民は自律的にみずから考え、みずからの責任において行動し、そうして政府に頼りすぎないようにする責任がある。自律的にみずから考え、みずからの責任において行動することこそが、我ら人民たるものの義務だというのである。

三、民撰議院設立が意図するもの

とはいえ彼らが求めるような、自律的にみずから考え、みずからの責任において行動する「人民」は、一朝一夕には誕生しない。

則《すなわち》之《これ》をして学且《かつ》智、而《しこう》して急に開明の域に進ましむるの道、即《すなわ》ち民撰議院を立るに在《あ》り。何となれば則ち、今日我人民をして学且《かつ》智に、開明の域に進ましめんとす、先《まず》其《その》通義権理を保護せしめ、之《これ》をして自尊自重《じそんじちょう》、天下と憂楽《ゆうらく》を共にするの気象〔ママ〕を起さしめんとするは、之《これ》をして天下の事に与《あずか》らしむるに在り。如是《かくのごとく》して人民其《その》固《こ》陋《ろう》に安じ、不学無智〔に〕自《みず》から甘んずる者《もの》未《いま》だ之《これ》有《あ》らざるなり。而《しこう》して今其《その》自《みずか》ら学且智にして、自《おのずから》其《その》開明の域に入るを待つ、是《これ》殆《ほとん》ど百年河《か》清《せい》を待つの類《たぐい》なり。

（「民撰議院設立建白書」）

これは「我が民は学がなく無知であり、いまだ開明の域に進んでいない。ゆえに今日の民撰議院設立は時期尚早である」という世の声に反論する「民撰議院設立建白書」の一節である。我が民を学ばせ知識をつけさせ開明の域に進ませる道は、民撰議院を設立することにあるといい、生まれながらにしてもつ権利を保護し、これによって自尊自重の心をもたせ、天下と苦楽をともにするという気質を起こさせることが、彼ら人民を開明の道に進ませる方法であり、そのためには人民を「天下の事」に関与させる必要があると説明する。

そして、このようにすれば古い習慣に固執して不学無智の状態に甘んじる者はいないだろうが、人民が自発的に学び知識を身につけ自然と開明の域に入るのを待っているのは、常に濁っている黄河の水の澄むのを一〇〇年待つようなもので、いつまで待っていても実現のあてがない、と述べる。

なぜ今「民撰議院設立」を建白するのか、その理由が率直に述べられた一節といえるだろう。建白書という性格上か、為政者側の視点に立ち人民を従属的に語っているためにニュアンスの違いが出ているものの、自律的にみずから考え、みずからの責任において行動する「人民」——町や村という自身の生活圏を超える社会や政治に対して関心・責任をもち、積極的に関与するものと説明している点でより具体的である——を育てようとしている点では、先にみた「立志社設立之趣意書」と内容が一致している。

以上のことから、自由民権運動の提唱者ともいえる彼ら——板垣退助・後藤象二郎・副島種臣・江藤新平ら——は、民撰議院設立という選択肢を与えることで人民自身の行動を促し成長させ、その結果として民撰議院設立が成るという将来図を描いていたのではないか、と考えられる。

民撰議院設立という選択肢を提示されながら、政府がいつか民撰議院を設立してくれるのを期待して何も行動を起こさず、権利を与えられるのをただ待っているような成長しようとしない者は、彼らが求める「人民」の姿ではないのである。

このようにみれば、自由民権運動そのものが、彼らが求めた自律的なみずから考え、みずからの責任において行動する「人民」を育てるためのプロセスだったのだろう。ともすれば、西欧諸国においては「市民革命」を通して出現したとされる、自己の意志に従って行動し、またその責任に耐えうる、自律的・理性的な「個人」を、日本に合う形で誕生させようとしたのかもしれない。

そしてこのような論理的背景をもつ自由民権運動は、山城国一揆以来の、長年にわたる自治の伝統をもつ京都にも広がっていくことになる。

四、京都の自由民権運動――天橋義塾と南山義塾

京都において自由民権運動の中心的な役割を担ったのが、丹後地方の宮津で設立された教育結社の天橋義塾である。明治に入り学制公布によって各地に小学校がつくられたものの、京都府下の公立中学校は二条城北側の京都所司代跡に設けられた「京都府中学校」一校のみで、当時の交通事情を鑑みれば宮津から通える距離ではなかった。

また宮津では、有為な人材を数多く輩出していた藩校礼譲館《れいじようかん》が、幕末の教科課程の一部改正や明治初年の「文武館」への組織替えなどの変遷を経つつ、明治に入ってもなお藩学の中心的な役割を果たしていたが、廃藩置県（一八七一年〈明治四〉）とともに閉鎖され、困窮する旧藩士層の子弟への教育も大きな課題となっていた。

これに危機感をもった旧藩士の有志らと小笠原長道《おがさわらながみち》――一八七五年に「民撰議院設立建白書」の提出者のひとりである小室信夫の娘婿となり小室信介《こむろしんすけ》に改名する――が教育機関の設置を相談したことで、一八七五年に天橋義塾開業に至ったのである。

丹後の名勝天橋立《あまのはしだて》にちなみ名付けられたこの天橋義塾の塾則第一章には、「該塾ハ人材培養ハ論ナシ小学教員ヲ保護シ民権ヲ暢達《ちょうたつ》スルガ為ニ創立スルモノナリ」とあり、人材培養・小学教員保護に加えて民権暢達が創立目的のひとつに挙げられている。このことから、天橋義塾には、民権結社的な側面があったことがわかる。

教師には旧礼譲館学頭の粟飯原曦光《あいばらぎこう》が就任、小学校教師出身の小室信介・沢辺正修《さわべせいしゅう》らが運営に加わった。礼譲館から引き継いだ和漢書籍に加え、『輿地誌略《よちしりゃく》』や『万国公法』など世界の地理や国際法に関するもの、福沢諭吉『文明論之概略』や竹中邦香《たけなかくにか》『民権大意』など自由や民権に関するもの、さらには多数の外国書籍も教科書として用いられており、最新の教育が行われていたという。

また天橋義塾では討論が重要視され、月に数回開かれた「生徒会議」では、寄宿舎の規則を決めたり、論題を決める討論が行われたという。これは塾生間の結束を強めると同時に、思考力を鍛え自発的に行動する人に成長させるための訓練でもあったのだろう。

『大坂日報』に「大江山人」名義で小室信介が投稿した「天橋義塾結社大意」には、次のような一節がある。

読書ト云ヒ研究ト云ヒ会議ト云ヒ演舌〔演説〕ト云ヒ義務ト云ヒ憂国ト云ヒ立志ト云ヒ報本ト云ヒ。人間生涯万般ノ事業《ことわざ》アリト雖モ之ヲ納言スレバ人ハ人タルノ本分ヲ尽スト云ニ外ナラザルナリ。今我天橋義塾結社ス所以ノ要旨ニ至テモ其社則教則種々ノ条款アリト雖モ之ヲ納言スレバ同社ノ子弟ヲシテ其本分ヲ尽サシメント欲スルノ良心ニ外ナラザルナリ。

（『大坂日報』一八七八年一〇月一七日）

人は「人タルノ本分」を尽くさなければならないのであり、その本分を同社の子弟に尽くさせたいという良心から天橋義塾を設立したという。この「人タルノ本分」について、同投稿文のなかでは具体的に述べられていないが、沢辺正修が塾生らに語った内容を抜粋した講義録には「故に一度人間に生れ出ては必ずこの不測の精神を磨き立て、自由の権利を振ひ起さずんば決して人間とはいはれぬ事なり」という一文もある。このような人間観は、まさに自律的にみずから考え、みずからの責任において行動する「人民」を育てようとした自由民権運動の論理的背景と重なっているといえる。

天橋義塾は当初、社員と呼ばれる株主の拠出金と生徒の月謝により運営されていたが、やがて資金繰りが苦しくなり、一八七七年から資本講が実施された。資本講は中世から近世を通じて広く行われた頼母子講《たのもしこう》――金銭の融通を目的とした民間互助組織で無尽講《むじんこう》ともいわれる――に似た組織で、掛け金を一口五円として一〇〇〇人分、計五〇〇〇円を資本金の目標額としたことから千人講とも呼ばれる。士族の有志らによって設立された天橋義塾だが、この資本講を実施したことで、参加者層が丹後各地の商人や豪農・名望家、地域の一般大衆へと広がり、大衆的な基盤をもつ地方政社として成長していくことになる。

一八八〇年頃になると、自由民権運動は国会開設だけにとどまらず立憲政体樹立を要求する広範な国民的運動へと展開していくが、天橋義塾を中心に丹後の人びとの関心は高く、一八八一年四月一七日に沢辺正修が主催して宮津の智源寺で行った自由懇親会は、雨中にもかかわらず当初の予想をはるかに超える一三六〇余名が詰めかけたという。

このような天橋義塾を中心とする動きは、南山城の自由民権運動にも大きく影響を与えた。南山城は、天橋義塾の運営に関わる以前の小室信介と沢辺正修が小学校教師として過ごした地である。ともに一八七二年の秋から、小室（当時は小笠原長道）は井手校に、沢辺は田辺校に赴任しており、のちに南山義塾の発起人となる伊東熊夫《いとうくまお》・西川義延《にしかわよしのぶ》・喜多川孝経《きたがわたかつね》ら地元の豪農層と交流をもっていたことがわかっている。

南山義塾の前身、「盍簪家塾《こうしんかじゆく》」は一八七七年、西川義延・西村篤《にしむらあつし》ら地元の有力者が発起人となり、棚倉孫神社《たなくらひこ》の境内にあった旧松寿院を校舎として開校する。この家塾はもとは京都市内の衣棚《ころものたな》通り竹屋町下ルにあったもので、小学校を卒業した青年たちに漢文や歴史などを教えていたという。

また一八七八年、田辺町には「一身一家の事柄や現在の世間の交際に関係すること」を議論する研究会と呼ばれる活動を行っていた南山社という結社があった。盍簪家塾の存続期間がちょうど南山社の研究会が行われていた時期と重なることから、南山社の教育部門が盍簪家塾で、実践部門が研究会であり、天橋義塾を規範にした結社をつくりたかったのではないかと指摘されている〈福井一九九〇〉。

このような教育の土壌はあったものの、生徒たちがより充実した教育を望んだため、一株二〇円の株券を発行して資金を集め、一八八一年八月に南山義塾が仮開業した。翌年四月には三山木《みやまぎ》村内に完成した新校舎で開業式が行われ、立憲政党本部からの来賓のほか、同志社より新島襄《にいじまじょう》が臨席して演説を行っており、非常に盛大に行われたという。

社則の第一条には「該社ハ自由主義ヲ以テ人材ヲ教育シ同胞人民ノ智識ヲ開発シ公共ノ福利ヲ増殖スルヲ目的トス」とあり、自由主義的な教育をめざしていたことがわかる。教師は天橋義塾出身の木村栄吉・栗飯原曦光らがあたり、最盛期の一八八三・八四年には生徒数は五〇人を超え、田辺地域における中等教育機関として重要な役割を果たしていた。

五、おわりに

このように、京都において中等教育機関の役割を担いつつ自由民権運動の拠点となっていた義塾だが、その歴史は長くは続かなかった。一八八四年(明治一七)三月に京都府知事に対して、山城・丹後・丹波に公立中学校設置の建議が提出されたのである。同年七月一九日に京都府中学校――このとき京都府京都中学校に改称された――に加え、三山木中学校・宮津中学校・亀岡中学校の増設が決定され、生徒の募集が行われた。天橋義塾は宮津中学校に、南山義塾は三山木中学校に、それぞれ吸収されたのである。

地域の各中学校に対する期待は大きかったが、早くも一八八六年に中学校令が公布され、公立中学校は一府県に一校と限定された。新しい三つの中学校は、京都府京都中学校に合併されたのである。

とはいえ、「人タルノ本分」を尽くす人を育もうとした天橋義塾とその影響を受けた南山義塾の精神そのものが失われたわけではない。帝国主義戦争・治安維持法に反対して闘い暗殺された学者出身の代議士山宣《やません》(山本宣治《やまもとせんじ》)がこの地で生まれたことも、その証明の一端といえるだろう。

【参考文献】

京都府立丹後郷土資料館編『京都の自由民権運動——自由と民権を希求したひとびと』（京都府立丹後郷土資料館、一九九一年）
京都府立丹後郷土資料館編『天橋義塾と自由民権運動～人は人たるの本分を尽くす～』（京都府立丹後郷土資料館、二〇一八年）
田辺町近代誌編さん委員会編Ａ『田辺町近代誌』（田辺町、一九八七年）
田辺町近代誌編さん委員会編Ｂ『田辺町近世近代資料集』（田辺町、一九八七年）
「立志社設立之趣意書」（板垣退助監修、遠山茂樹・佐藤誠朗校訂『自由党史（上）』岩波文庫、一九五七年所収、一八七四年）
「民撰議院設立建白書」（板垣退助監修、遠山茂樹・佐藤誠朗校訂『自由党史（上）』岩波文庫、一九五七年所収、一八七四年）
『大坂日報』（京都府立丹後郷土資料館編『天橋義塾と自由民権運動～人は人たるの本分を尽くす～』京都府立丹後郷土資料館、二〇一八年所収、一八七八年）
福井純子「南山城の自由民権運動」（関西文化学術研究都市推進機構編・門脇禎二監修『けいはんな風土記』関西文化学術研究都市推進機構、一九九〇年）

鼎談

『けいはんな風土記』(門脇禎二監修)をめぐって

小路田泰直×内田忠賢×斉藤恵美

小路田　本書は一九九〇年に出版された門脇禎二監修の『けいはんな風土記』（関西文化学術研究都市推進機構編）を踏まえた出版なので、まずは昨年度（二〇二三年度）一年かけて、『けいはんな風土記』の輪読会をやってきた我われ三人（内田忠賢・小路田泰直・斉藤恵美）で、門脇監修『風土記』を、どう読み、それとの違いをどう出そうとしているかを語り合ってみたいと思います。それを通じて編集意図のようなものが、少しでも読者に伝わればと思います。

では内田さんから、よろしくお願いします。

門脇監修『けいはんな風土記』についての感想

内田　『けいはんな風土記』は、けっこうよくできてると私は思っているんです。小路田さんも前からおっしゃってたけど、ちょうど歴史のブラックボックスみたいなエリアで起こったことが、じつはその時代の大きい流れにつながっていることがわかる形になっているので。もちろん歴史学の人は皆さん山城国一揆とかよく知ってるけど、一般の人、とくに山城エリア以外の人は、山城国一揆を知らないと思う。それらが日本の国の動きの流れにつながっているっていう話になっているので、よくできた本だと思います。

ただ、通読しづらい。それぞれの書き手がいて、それぞれの書き手が自分の土俵にもってくるので、なかなか通読できない。だから小路田さんがめざしている日本通史みたいなのが、これに沿って描ければいちばんベストなんですけど、なかなかできないと思います。

読書会で私が担当したのはまず、「宮都をめぐる山々」という章で、いろんな思いがあって、空間の配置があるんだっていう前提で書かれていて、それはわかるような半分わからないような。私の歴史地理学の分野だったり建築史・都市史の分野では、遺跡が一線上に並ぶとかを言ってるんですけど、それはほんまかいな、みたいなところがあって。歴史マニア的にはおもしろいんですけど、というふうに思いました。

恭仁京がどういう都だったのかに関して、これも断片的な史料からいろんな人がいろんな説を出していて、『けいはんな風土記』では千田稔先生がご担当されたので、千田プランを提案されているのですけれども、千田先生の場合は道教と神仙思想を前面にずっと押し出している。読み解くっていう形をとっておられて、どこまでほんまかいな、みたいな気がするんですけど、魅力的な内容になっていたかと思います。『けいはんな風土記』では、一般に読んでもらうので、元の論文に比べ大ざっぱな書き方をされています。

読書会でその次に私が担当させてもらったのは、私は地理屋ですから、「南山城の村々」という近世の村のあり方を紹介した章です。南山城は都に近いので、いろんな権力が細かいパッチワークみたいに展開して、いろんなタイプの村があるということを京都府立大（当時）の水本先生が紹介しています。これはこれでおもしろかったのですけど、ただ、一般の人がこれ読んで、どこまで魅力を感じるか。先ほどの宮都プランもそうかもしれません。

ほかの章は歴史の流れを追いかけてるから、歴史の読み物としてはおもしろいと思うんですけど、私が地理屋のせいか、関心をもった宮都プランや、村の構造という話は、動態的じゃなくて静態的っていうか、動きが少ない話だし、ちょっとマニアックなので、一般の方が読んだらどうかなって感じました。

話を戻すと、全体としては、今まであまり扱わなかったエリアを題材に、地域の歴史の流れと、日本の歴史全体の流れとの関連で話が進んでいるので、いい本だったと思ってます。

ただ、この本の読者がどれだけいたかがよくわからない。私はこの本をもらったのですが、もらわなかったらこの本の存在を知らなかったと思うんです。この本をどういう人たちに読ませようと考えていたのかな、って思いました。

斉藤　次は斉藤がしゃべります。

まず、この『風土記』に携わる前の、私のこの「けいはんな」地域にもっていたイメージから。電車で奈良から京都に行く途中の通過地点で、なんかめっちゃ時間かかるな、京都駅まで遠いな、あんまり変わり映えのない景色が続いていく場所だな、ぐらいにしか思ってなかったんです。

でも実際にこの事業に関わらせてもらって、この場所を歩いてみたりすると、そういえばすごくいろんな歴史の事象のなかにある場所だったということに気づきました。でも逆にいうと、今、なんでそうやって通り過ぎていく場所みたいな感覚でとらえられてしまっているのか、というのは気になっています。そういう視点でもこの『風土記』を読んでみようかとは思っていました。

それで評価ですが、私もいちおう全時代まんべんなく網羅して書かれていると思います。ただところどころ、空白な時期があるとは感じました。というのも、内田さんもおっしゃったように、ここの場所をフィールドにしている研究者の人たちが書いているんですが、各時代でそれが切れているという印象があるからです。それは、各自が自分の持ち分で書いているからしようがないんですけども。

ただ各時代とも、その時代の中枢の歴史の流れのなかで、この地域はこういうふうな出来事がありましたよ、という語り口で描かれることがけっこうあるなと思いました。地域史みたいな感覚です。全体の流れのなかで相対的にこの地域が語られ、しかも時代ごとにぶつ切りになっているといったような。やはり統一的な、ここの場所だからこそみたいなものが見えにくくなっていると思いました。

私が担当したのは、平安時代の「平安京とその近郊——南都参詣を中心に」と、「応仁の乱と山城国一揆」ですが、この二つとものすごく時代の転換点にあたるところの話だったと思います。

でも前者の平安京からの参詣の話の場合は、この地域は平城と平安京のあいだの道のある場所としてのとらえ方がされていて、あまりここの地域の話が見えてこない。ただ石清水八幡宮《いわしみずはちまんぐう》と春日大社がバチバチににらみ合う場所だったとは書いてありました。そういう所でもあり、何か境界的な境目的なことを感じますし、それがこのあとの堺《さかい》相論《そうろん》や山城国一揆などにもつながっていくんだと思います。そうなんですが、そういった特異性みたいなものが、まるで初めからあるよみたいに語られていて、その特異性みたいなものがどういうふうに形成されたのか、という視点がほしいと思っていました。

それと、ずっと都は京都にありますけれども、政治の中心が東のほう、とくに江戸に行ってからの記述が、さっき内田さんが言ったようなマニアックな世界の話にどんどんなっていく傾向があって、ここの地域のこの特異性がちょっとずつ汲《く》みにくくなってくるかな、という印象をもちました。

なので前の『風土記』はそういうスタイルで編集されたので、これはないものねだりですが、全部通しで読んでみると、いちおう流れは追えるんだけど、時代によってブツブツに切れているのではなくて、どういう理論で各現象が歴史のなかで起きるのか、というような視点がほしい。だから、この地域をとらえる視点を、前の『風土記』とは変えてみるとおもしろいのかなと思いました。

それと私の専門が宗教系なので気になったことですが、あの地域はけっこう宗教的に大事な場所のはずなのだけども、そのあたりのトピックがちょっと欠如しているような。そこらへんを、あの場所であるからこそ、ということを考えながらカバーできればいいかなというふうに思いました。以上です。

小路田　はい、ご苦労さまでした。では、最後は僕です。

僕が輪読を担当したのは、石清水八幡宮の支配下にある村と春日大社の支配下にある村の堺相論を扱ったところなんですけども、この地域を考えるうえで、石清水八幡宮と春日大社がなぜそんなに大きな力をもってるのかっていうことの説明が、もう少しあってもいいと思いました。しかもその堺争論が、興福寺僧と結託した春日大社側が朝廷に向けての強訴に及ぶ、というところまで発展してしまうのです。それほどのこの地の重要性は、どこからくるのかと思いました。

なんでその点の突っ込みがあまりないかということなんだけども、序文で門脇さんが書いてるんだけども、やっぱり皆さんの共通認識が、「けいはんな」すなわち南山城という地域は京都・奈良・大阪の狭間の地だからということに尽きるんですね。だから京都・奈良・大阪の影響で何事も動くところ、という感覚がぬぐえない。僕はそうではなくて、この南山城を含んだ京都・奈良・大阪が一つの首都圏を形成している、特別な地域であるという、その感覚をもつべきだと思います。

都っていうのは何も点として存在し、機能しているわけじゃなくて、首都圏としての都が存在するわけですよね。たとえば、この『風土記』にもじつは書いてあるんだけども、何十万という都市民が平安京に存在すれば、その人たちの日常、その食生活を満たしていく農業というのは、近郊農業として非常に特殊な農業になっていかざるをえない。今でも京野菜というのがあるようにね。そうした近郊農村も含めて首都圏なんです。

日本の社会全体を統治したり支配していくうえで、平安京も必要、奈良の都も必要、難波・大阪も必要、そしてそれをつないでいる南山城も必要という、それが全域として一つの、有機的な一体の地域をなしている、そういうふうなことを考えたほうがいいんではないかと思ってるんです。

また、重要なのに関心の対象になっていないこともけっこうあると思いました。たとえば近代にかけて、やっぱりこのあたりの産業といえばお茶なんですけれども、お茶の話はほとんどドロップアウトしているし、それから宗教の話もあまりない。それを我われの本は補わなくてはならないと思いました。

次に山城国一揆ですが、僕が批評を担当したところともつながっていて、非常に細かくて、よくできていると思いました。その前の応仁の乱からはじまって、ずっといろんなところでの戦の流れっていうのが丁寧に読めばよくわかる。非常に正確な記述なんだなという感じがして、とりわけ畠山義就《はたけやまよしなり》と政長の二人の争いを、南山城から排除するっていうのがどれほど大きな意味をもっていたのか、というようなこともよくわかりました。

河内での争いとかいろんな争いがあって、最終的に南山城で両軍勢が相対峙《あいたいじ》して膠着《こうちゃく》状態になると、もういい加減にしてくれっていうので一揆が起こる、国一揆が起こるという話になっているんだけども、重要なことは応仁の乱の戦端が開かれたのは京都で、その後京都周辺を巻き込んでどんどんどんどん広がっていって、最終的に南山城のところで一番の火付け役だった畠山の二人が相対峙して膠着状態になるという。なんで最後はその南山城になるんだっていうことですよね。そのこととの関係で南山城の国人衆《こくじんしゅう》が立ち上がって、国一揆をつくるわけですから、やっぱりなんで南山城の地が焦点化するかっていうね、そこの説明はほしいなと思いました。

そうなる理由、必然性がもしあって、山城国一揆というのが起こるというのであれば、まさにその勃発をもって日本の自由自治元年といってもいいような気がするんですよね。

以上です。あとは相互に質疑応答ということで進めていきましょう。

「けいはんな」の位置

内田　小路田さんが最後におっしゃった話はすごく興味があって、だから淀川両岸ではなく、近江じゃなく、この山城のここだからこそ、っていう話。

小路田　そうそう。ここで最終決戦になるわけですよ。要するに、考えてみたらいちばん最初の応仁の乱の取っ掛かりも畠山家の内紛なんですよ。それからはじまって、そこに山名宗全や細川勝元がくっついて大騒ぎになり京都中で戦って、そこでは膠着状態になって今度は桂川沿いかな。そのあたりに戦場が移って、それからそもそも畠山氏は河内・紀州なんかの守護職なんで、河内に戦場が移って、河内のあちこちで戦争をやっている。ところが、それの帰趨《きすう》を最後決する段階になってきたときに、南山城で両軍が相対峙して、ここで最終的な膠着状態が起こるというのは、やっぱり意味があるんだと思うんですよね。それは何か、知りたい。

内田　南都に関係があると思う。

小路田　あると思う。なんかいろんなベクトルが調和しちゃうんだよね。それはあるんだと思う。

内田　ちょうどＮＨＫの大河ドラマ『光る君へ』を毎週見てますけど、興福寺が強訴に来る時代ですね。強訴しに通過してくるんだけど、通過してきたっていうのはドラマ上なんの意味もないし、次に藤原道長が吉野参詣に、一生に一回の参詣にっていう、あのときも通過するけど、やっぱり奈良まで行ったら意味をもってくるけど、南山城は本当に通過点。もったいないっていうか、そこまで歴史を大河ドラマで描いたらややこしくなるから、京都・奈良だけっていう感じなんでしょうね。

斉藤　平安京から南都に入ってくるルートっていくつかあると思うんですけど、南都参詣のところで書いてあったように、木津川を渡るのがいつの時代でもけっこう大変みたいなことだったたと。行基さんが泉川に橋をかけて、多分そんなに長くもたなかったと思うんですよ。その後、ふつうに流されっぱなしになって、だいぶ最近にならないとつねに橋がかかった状態にならないみたいな。

それでもほかの時代の話とかを見ると、ここで応仁の乱が起こったり堺相論が起こったりってしてて、ここの人たちはどうやって渡河し、この川と付き合っていたんだろう。

小路田　船橋をつくってるっていう話があるよね。舟を並べて橋げたを通すという仮橋をつくるっていうのがあって、道綱の母の日記にもそれが出てくるという話やから、やっぱりなんとかしてその橋を通すっていうことをやってたんだろうな。

でも、泉橋と違うのはやっぱり宇治橋。宇治橋は、たとえどんなに流されようと壊されようと再建しますよね。それに対して、山崎橋はもう再建しない。消えてなくなっちゃうじゃないですか。だから瀬田の唐橋と宇治橋だけは、どんなことがあっても維持するということと、それから泉橋に関しては仮橋をつくってでも渡すと、そういうのが多分交通路の維持の仕方だったんですよね。

ただそれはさておき、「けいはんな」を通る街道は、木津川の東側を通って宇治に出て、宇治から京都に行く街道と、木津川西側を通って、山崎あたりで木津川・淀川を渡河して京都に行く街道と二つあった。

最初は東側が栄え、やがて西側が栄えるようになった、という話を聞いたことがあります。根拠がなんだったのか、今思い出せないので、いちおう不確かな伝聞ということにしておいてほしいんですが、もしそうだとすると、石清水八幡宮への参詣者がいかに多かったか、ということになると思うんですね。「けいはんな」の歴史を考えるうえで、春日参詣とか石清水参詣は、無視することのできないことだったのでしょうね。

内田　石清水八幡は南山城で終わっちゃう？

小路田　えーっと、あれも山城国やね？

内田　山城国だけど、たとえば『けいはんな風土記』では石清水八幡を南山城には入れてなくて、当然宇治も入れてないけど。

小路田　『けいはんな風土記』をつくるときは、学研都市をつくるっていうことだったから、丘陵部分というふうな言い方をしてて、そこにだけ「けいはんな」っていう名称を当てはめているんだけども、もうちょっと広くとって、やっぱり淀川よりも南、木津川水系すべてが「けいはんな」でいいんじゃないかなという気がします。

首都圏という考え方

斉藤　さっき小路田さんが首都圏っていう概念みたいなものを考えると言いましたけど、今の首都圏は東京を中心とした周りの神奈川・埼玉とか、あのへんも含めて首都圏って言いますよね。

小路田　我われ、ものすごくわかりやすい概念をもっていて、五畿七道という概念をもっているじゃないですか。五畿っていうのは、要するに都を支えるいろんな機能を果たしているところですよね。たとえば摂津の場合だったら大和田泊、最初からそう呼んでいたかどうかは別として、兵庫津があって。それから河内の場合だと、大和に都がある時代はその外港ですよね。要するに、都を支えるのにとくに必要な施設が置かれてる場所、っていうのを合わせて通常畿内って呼んでるんですよね。

だから、ほかの地域とは違う特別な地域として畿内みたいな概念を設定して、その畿内の空間的な中核に「けいはんな」があると考えたらいいんじゃないですかね。それが今でいう首都圏です。とくに僕のイメージで言うと、平安京に都を移してから南都は潰してもよかったはずなんですよ、それまでのルールからいったら。藤原京は潰れてますからね。だけど南都は潰しちゃいかんというふうになって、南都はやっぱり維持するっていうのが日本の国家の方針になったわけです。

だからこの『風土記』にも出てくるけども、春日祭の折の春日詣には代々の天皇や摂政関白も行きますよね。そういうふうなものとして二都体制が築かれたのです。だとすれば、平安京という点ではなくて、平安京（京都）と南都の両方を含めたものが日本の中心だったと考えるのが、やはりいいように思います。その場合、やはり首都圏という考え方が必要になってくるのではないかな。

だけど、門脇編の『風土記』にはその考え方がない。筆者たちは点としての都をイメージしてて、その点としての都の真ん中に埋もれた空間として南山城をイメージしてる。

だから歴史が物語にならないのではないかと、僕は思います。

斉藤　面としてとらえるってことですね。

小路田　もうちょっと別の言い方をするとね、春日大社の鹿は鹿島神宮の鹿じゃないですか。これは遺伝子的にわかるわけでしょ。それから石清水八幡宮は当然宇佐八幡宮から勧請を受けるわけですよね。ということは、日本のいちばん東の端にある神社が春日山に越してきてて、日本のいちばん西にある、つまり熊襲《くまそ》との境目にある神社が男山に越してきているわけですよ。ということは、この二つの神社に囲まれた地域は、日本全体と相似形、その縮図、ミニチュアというふうになってるんじゃないのかな。

だから、わざわざ宇佐に行かなくても八幡さんには行けるし、わざわざ鹿島に行かなくても鹿島の神さんに会える。そういう仕組みをつくってるということ自体が、じつは石清水八幡宮と春日大社を含み、それに囲まれた地域が首都圏としての機能を負っているということじゃないかな。

そうすると、縮図・ミニチュアを日本全体から区別し、支える人為的な境界（結界）が必要になってくる。それがのちに二十二社体制などとして整備されていくんじゃないですかね。

内田　もう一つぐらいないですかね。今の宇佐・石清水・鹿島・春日と、あともう一つぐらいあると強いですね。

斉藤　東大寺さんですかね。

小路田　まあ、東大寺もそうなんだけど、伊勢が逆の意味で重要ですよね。伊勢が本来は畿内の中にあっておかしくないものが、わざわざ伊勢国まで出ていってしまってるっていう、あれをどう考えるかですよね。

僕のさっき言った理屈で言えば、伊勢も元々檜原《ひばら》神社（桜井市）とかあのあたりに元伊勢ってあるわけだから、そのへんに置かれてもおかしくはないんです。近くには大和神社や大神《おおみわ》神社もありますしね。それが伊勢に出ていっている。これをどう考えるか、まだ答えは見つかりません。

それから、真ん中（首都圏）を象徴するものというと、やっぱり東大寺の大仏だと思うんですよね。これは結界などではなくて、まさにすべての中心。佐藤弘夫さんがやっている起請文の研究なんかでも、起請の対象となる神社仏閣といえば、まずは東大寺大仏が挙がるということです。

斉藤　「けいはんな」にはかからないから書いてないいんやと思うんですけど、院政期になると熊野神社を京都の中に勧請するじゃないですか。あれもそういう文脈のなかにあるんでしょうね。

小路田　多分ね、日本というのはバームクーヘンみたいなんだと思ってて。二重三重に結界が張られているんだと思うんですね。

いちばん外の結界が当然国境です。これ以上の向こうに結界を張ったらえらいことになるからそうなんだけど。ただその結界にも守神はいます。それが熊野の神々だったんではないかと、考えています。海の彼方にある常世《とこよ》の国、補陀落浄土《ふだらくじょうど》との往来を支える神々です。そして、いちばん内側が天皇の居所。ただそのなかでも重要なのが、先ほど述べた畿内を取り巻く結界だと思うんです。石清水や春日がその結界を支えていると思うんです。

春日がアメノコヤネを祀っているから、アメノコヤネを祖とする藤原氏の氏神だというのは、短絡だと思いますよ。

内田　一般に。

小路田　うん。でも祀ってるのはフツヌシ、香取ですよね。それからタケミカヅチ、鹿島。それとアメノコヤネ、これが枚岡神社ですよね。プラスよくわからない女神が一柱《ひとはしら》。これがたとえばアマテラスだと考えたら、御祭の主役、若宮っていうのは当然、天孫降臨《てんそんこうりん》のニニギノミコトになりますよね。ということは要するに、日本神話そのもの、天孫降臨神話そのものをお祀りしてるんであって、それを一氏族の氏神にしてしまうのは、やっぱり間違ってますよ。

そう思うと、そこに天皇も含めてみんなが行くっていうのは、非常に理にかなっている。単に藤原氏が勢力をもってるから藤原氏に遠慮してみんなが行ってるんじゃなくて、国家的意味があるから行ってるんだということになります。では、その国家的意味とは。やっぱり東の守り、香取・鹿島に行く代わりではないでしょうか。

斉藤　やっぱり畿内っていう概念の成立というのがすごく大事で、だから中心の歴史が時代が古いほどたくさん書かれるんですけど、政治の中心が東に行く近世以降、その量が少なくなるのかなって印象です。

小路田　ただ江戸に行っても、中心は京都ですよね。だから上洛、あるいは江戸への下向というわけだから、上り下りからみれば当然京都が中心で、多分中心を設計するっていうのは、直接的な連続空間として設計することだけではなくて、いろんな関係を象徴化するっていうこともあって、やっぱり江戸と京都に二重化するということは、江戸期には意味があったんだと思います。

鎌倉期も鎌倉に将軍がいて、こちら側に天皇がいる、院がいるっていうのは非常に大事な仕組みで、その二都体制をつくるっていうこと自体が中心性をつくるということだったんだと思うんです。

だから中心という言葉が示しているような一点という発想では多分ないし、一点の特異性を言おうと思えば思うほど、ほかの一点、ほかの点との関係を言わないと言えなくなる。必ず比較の対象としての他者が登場する。あるいは関係性をどう取り結ぶかっていうことの説明のための他者が登場する。それが江戸期に入ると、江戸になる。これは家康も頼朝の先例にならって、多分江戸という選択をした。まあ、あれは秀吉に強いられた選択ではあったけれども、重要な選択をしたんだと思います。

そして近代になったとき、じつは中心がなくなったんです。昔ワコールの社長の塚本さんという方が、天皇は東京に二回行幸して、その後帰ってこられていないだけで、遷都令は出てない。だから今なおこの国の都は京都だと盛んに言って、もう一度天皇を京都にお迎えしようとがんばっておられましたが、若いころにそれを聞いた僕は、何をアホなことを言ってるんだぐらいに聞き流していました。でも考えてみるとそうなんですね。遷都令は出てないですよ。

そのときの理屈はどうかというと、天皇という存在はどこか一点にとどまり、特定の人に偏って恩恵を与えてはならない。四海平均を旨としなくてはならない。だから東に塗炭の苦しみに喘《あえ》ぐ人があれば東に行かなくてはならないし、西に同様の人があれば西に行かなくてはならない。だから明治の初め、東京に行ったんです。当時、奥《おう》羽越《うえつ》列藩同盟との戦いがあり、多くの人が塗炭の苦しみに喘いでいたからです。

主権者は一点中心にいてはならない。つねに四海平均を心がけ動きつづけなくてはならない。だから天皇にとって巡幸は日常です。これが近代の首都論です。その結果、東京一極集中が起きたのは皮肉です。塚本さんはその皮肉に気づいていたんだと思います。今になってみれば偉い方だと思います。

斉藤　だから、ここの地域を語るっていうことは、いわゆる中心とは何かを語るっていうことですね。

小路田　だと思う。中心だから揉《も》め事が多かったんだと思う。日本一揉め事が多かった場所を一点だけ挙げろと言われたら、僕なら宇治橋を挙げます。

斉藤　批判するわけではないんですけど、前の『風土記』は地域史みたいなイメージで、出来事も現象も一時代ごとの更新みたいな形で書いてるのかなっていう気はします。

内田　時代の流れとの関連を書くけれども、っていう。

斉藤　うんうん、そうです。ここが「特別やで！」みたいな話ではなかったかなっていう。いつもほかに何者かがいて、いわゆる信長とか将軍であるとか天皇とかがいて、それらとの関係で位置づけられてるっていうふうには書いてあったですけど、そうじゃないんだよっていう。

小路田　そうじゃないんだよというのを、本当に言えるかどうかは難しいけどね。

斉藤　難しいですけど、ひとつ新しい視点を出すとすれば、じつは中心を書いてるんだよっていうことを出すのも手かなと。

遷都と風水

小路田　『風土記』でも扱ってるけども、平城への遷都のときは、いわゆる風水思想みたいなものが機能していたのは事実です。けれども、平安京遷都のときにはいっさいないですね。ひと言だけ、ここは便利だ、交通至便の地だというのが遷都の理由になっています。五畿七道の中心・起点・終点として最良の地が京都だった、ということだったんでしょうね。

斉藤　平城から出ている五畿七道よりも、平安京から出ている五畿七道のほうがスムーズな感じはします。

小路田　鍵は近江でしょうね。琵琶湖の存在が決定的だったんじゃあないですか。

内田　すごく不勉強ですが、平城が四禽叶《しきんかな》うみたいなのがあって、平安京はそれがないっていうのを私はよく知らなかったんだけども。平安京のときに、鴨川と西がなんでしたか、それと船岡山、巨椋池《おぐら》と、みんな言うじゃないですか。あれはもう言ってるだけで、もっとその四禽叶うみたいなのはないわけですか?

小路田　同時代の史料ではないです。

内田　史料上はないから、みんなこじつけでそう言うんですか?

小路田　みんなそうだと思い込んでる。

内田　思い込んでるけど、たとえば江戸時代の歴史家でもかまわないんですけど、そういうのだとかいうのを言った人はいない?

小路田　そこまで知らないですが、少なくとも平安時代の専門家の西村さとみさんが言うのだから間違いないと思います。斉藤さん、『日本紀略』ですよね。

内田　そうなんだ。大学に入って誰の授業か忘れてしまったけど、君ら京都に来たけど、白虎・青龍・なんとかは、ここと、ここと、ここや！　と、多分歴史学のいちばん最初の授業であったけど。

斉藤　西のほうは道だから、山陰道が通ってるっていう。

内田　で、道は白い砂が撒いてあって、っていう。

斉藤　北に山で、南に池で、東は川っていう。でもこれもこじつけかもしれないですけど、その四神相応みたいなものも何か中心性に叶ってるのかな、という気はしますけどね。

小路田　本心が奈辺にあったかは別として、平城遷都の詔には風水めいたことが書いてあって、それともうひとつ、遷都は一定の周期で行わなくてはならないことといったことが、殷《いん》とか、中国の事例を持ち出して書いてあります。しかし平安遷都のときは、そういったものが何もないんです。それはあっさりしたもんですよ。

内田　小路田さんのお話も参考にすると、奈良都市圏があって、平安京都市圏があって、大阪を中心とするエリアがあって、つねにどの時代も都市圏でありつづけて、そのために南山城ではいろんな事件が起こってしまうという理解でよろしいですか？

中央と地方の格差

小路田　まさに首都圏ですよね。奈良があって、平安京があって、それが重なりあって生まれたというよりは、やっぱり平安京都市圏が、周りの都市・農村を包摂していって生まれたといったほうが正確な首都圏ですよね。

人口の集積、首都近郊ゆえの高い農業生産力、また商業や工業の発達、どの側面からみても、圧倒的な力を独占した首都圏の成立、それが平安遷都の歴史的意義だったんだと思います。そして南山城＝「けいはんな」なんかも、もうその首都圏の一部としての歴史しか刻めなくなっていくんですね。

だから、利害が錯綜《さくそう》しているから争いも多い。しかしそこを手に入れなければ、何人も天下に号令することはできない。そういう場が生まれたんです。たとえば織田信長なんかでも、やっぱり畿内に攻め入らないと天下人になれない。尾張とか美濃の領主であるうちは天下人になれないという、そういう仕組みが生まれたんです。平安遷都によってね。

だから我われも、『風土記』ではあまり意識されなかった、首都圏特有の歴史としての「けいはんな」の歴史を描かなくてはならないんだと思います。

そういえば思い出しますが、網野善彦さんの農本主義批判が起こるまで、農業史に偏りすぎてきた日本の歴史学には、商工業への関心が薄く、ましていわんや首都圏の形成・展開を問題化するような観点はなかったですね。『風土記』はその時代に書かれたんだから仕方がない。あのころは何事も米・米・米でしたね。

内田　時代を遡ると米の生産量みたいなことが大事だから、『光る君へ』の話でいうと、紫式部のお父さんが越前に行ったのはすごい大出世だけど、淡路に行けって言われたのは、ちょっと悲しいっていう話ですよね。要するに淡路は下国で越前は大国だから。

小路田　大国《たいこく》・上国《じょうこく》・中国《ちゅうこく》・下国《げこく》、あの差別も基本は多分農業生産力でとっている差別だと思うんだけども。じゃあ下国だと言われているところが経済的に弱いかっていうと、多分そんなことはないんだと思う。あそこがそうだよね、飛騨。あれも下国ですよね。あんな大きい国やのに。

内田　大きいけど山ばかりで。

小路田　うん、でも飛彈匠っていう名前があったり、日本の建設業界のある意味で発祥の地みたいなところがあるじゃないですか。しかも、いろんな鉱物資源に恵まれている。ああいう国でも、農業生産力が低いというだけで下国になるんです。志摩とか、能登なんかもね。

斉藤　能登は中国です。

小路田　ああいう突出部分って、海洋交通のターミナルやからすごい大きな経済力をもつ。

内田　でもそれは、奈良時代とか平安時代にはもう大・上・中・下が決まってしまっての話ですよね。その後は当然地域によって偉い国、偉くない国もあったと思うけど、そういう言い方はもうしていないんですか？　っていう。私、よくわからないんですけど。ここ行ったからうれしいとか、こんなとこ行きたくなかったみたいな。

斉藤　だって大宰府に行ったらもう絶望じゃないですか、都の人は。

内田　それこそ『光る君へ』の話で、伊周《これちか》と隆家の二人が流されたのは、大宰府と出雲ですね。

斉藤　で、弟のほうはのちに大宰府に行って、外国勢と戦いますよね。刀伊《とい》の入寇《にゅうこう》。

小路田　さて、もうそろそろとりとめがなくなってきたので、このあたりで終わりにしませんか。

内田　斉藤　はい、了解しました。

小路田　長時間ありがとうございました。門脇監修『風土記』と本書の違いは出せたかと思います。ありがとうございました。

むすびに——和辻哲郎の風土論に寄せて

小路田 泰直

近代日本はみずからを多様性ではなく、日本民族という強固な一体性をもった民族の上に打ち立てようとした。だから単一民族論に強い親近感をもった。

ただ、日本民族という強固な一体性をもった民族の実在を証明することは困難を極めた。漢字使用の一事をもってしても、日本文化の大きな源流が中国文化にあることは、一目瞭然だからであった。

しかも悪いことに、古代以来日本の支配層は、中国文明に同化することに汲々としてきた。その呪縛から逃れようとしたことがあまりなかった。平仮名・カタカナがあっても知識人は漢文で公文書を書き、それができることを誇りにしてきた。中国文化と日本文化を截然《せつぜん》と分かつことなどできない現実があったからであった。『古事記』『日本書紀』よりも四書五経のほうが彼らの知識の基礎であった。

しかし強固な国民国家をつくろうと思えば、その混濁を断ち切らなくてはならなかった。たとえば江戸時代の終わりまで、長く日本と清国に両属していた琉球王国などは、日本以上にその混濁が激しかった。それでも琉球＝沖縄を日本領に組み入れるのであれば、琉球文化の源流は日本文化にあると言わなければならなかった。

東京帝国大学言語学科で学んだ伊波普猷《いはふゆう》が、そのほとんどが平仮名で書かれていた『おもろさうし』（一六世紀から一七世紀にかけて琉球王府によって編纂された歌集）に光を当て、日琉同祖論を唱えたのもそのためであった。

しかしその混濁を断ち切る術は、それほど多くはなかった。ひとつには、冒頭の拙稿においても触れた岡倉天心のように、その混濁をむしろ積極的に受け入れ、日本を「アジア文明の博物館」に見立てるという方法もあったが、それはその混濁を断ち切る方法としては不鮮明であった。

そしてもうひとつが、白鳥庫吉や津田左右吉などがとった、日本文化への中国文化の影響を、ほとんど恣意的といっていいほどのやり方で過小に評価する方法であった。

白鳥庫吉は、『魏志倭人伝』に記された邪馬台国を九州にあったということによって、三世紀段階における中国王朝の影響を九州どまりのものとした。日本列島全体はいまだ固有文化に浸り、それを育んでいた時代としたのである。

津田は、絶海の孤島日本の未開性を言うことによって、中国文明に対する日本人の理解能力の欠如を言い、その影響をほぼゼロにまで押し下げた。次のように言ったのである。

日本の文化は、日本の民族生活の獨自なる歴史的展開によつて、獨自に形づくられたものであり、從つてシナの文明とは全くちがつたものである、といふこと、日本とシナとは、別々の歴史をもち別々の文化なり文明なりをもつてゐる、別々の世界であつて、この二つを含むものとしての、一つの東洋といふ世界は成りたつてゐず、一つの東洋文化東洋文明といふものは無い、といふこと、日本は、過去においては、文化財としてシナの文物を多くとり入れたけれども、決してシナの文明の世界につゝみこまれたのではない、といふこと、シナからとり入れた文物が日本の文化の發達に大なるはたらきをしたことは明かであるが、一面ではまた、それを妨げそれをゆがめる力ともなつた、といふこと、それにもかゝはらず、日本人は日本人としての獨自の生活を發展させ、獨自の文化を創造して來た、といふこと、日本の過去の知識人の知識としては、シナ思想が重んぜられたけれども、それは日本人の實生活とははるかにかけはなれたものであり、直接には實生活の上にはたらいてゐない、といふことである。

（津田左右吉『歴史学と歴史教育』『津田左右吉全集』第二〇巻、岩波書店、一九八八年）

しかし、この方法は乱暴に過ぎた。

そこで講じられた第三の方法が、じつは、哲学者和辻哲郎が編み出した風土論に寄り掛かるという方法であった。和辻は第一次世界大戦が終結した年に上梓した『古寺巡礼』において、「幾多の経典や幾多の仏像によって培われた、永い、深い、そうしてまた自由な、或作家の幻像を結晶させた」（和辻哲郎『古寺巡礼』ちくま学芸文庫、二〇一二年）聖林寺の十一面観音像の芸術的価値を絶賛したうえで、その「或作家」について次のように想像を逞《たくま》しくしている。

かくの如き偉大な芸術の作家が、我《わが》島国の製作家であったかどうかは、我々は知らない。しかし唐の融合文化のうちに生れた人も、養われた人も、黄海を越えて我風光明媚な内海にはいって来た時に、何等《なんら》か心情の変移するを感じないであろうか。漠々たる黄土の大陸と、十六の少女の如く可憐なる大和の山水と、それが何等か気分の転換を要求しないであろうか。そこに変化を認めるならば、また製作家の心眼に映ずる幻像にもそこばくの変化を認めずばなるまい。例えば顔面の表情が、大陸らしくボーッとしたところを失って、細《こま》やかに、幾分鋭くなっている如きは、その証拠と見るわけに行かないだろうか。我々は聖林寺十一面観音の前に立つ。そうしてこの像が我々の国土にあって幻視せられたものであることを感ずる。

（『古寺巡礼』）

少し敷衍《ふえん》してみれば、いかな外来文化も日本の風土と交われば日本化するという考え方であった。この考え方にたてば、日本社会に定着した外来文化は、多かれ少なかれ日本文化に同化された文化ということになる。先の混濁は解消の方向に向かうのである。

当然今からみれば、なんとも都合のいい考え方のようにみえる。ただこの考え方が単なるご都合主義で生み出された考え方でないことには注目すべきである。

その根底に「人間と呼ばれるのは単に『人』ではない。それは『人』でもあるが、しかし同時に人々の結合あるいは共同態としての社会でもある」（和辻哲郎『風土』岩波文庫、二〇一〇年）、さらには「人間存在は無数の個人に分裂することを通じて種々の結合や共同態を形成する運動」（『風土』）であると述べて、その人間存在の二重性格を包摂するものとしての「風土」という概念を提起した、彼一流の哲学のあったこともさることながら、その考え方は、一五世紀半ばに誕生した東山文化以来この国に定着してきた伝統的日本文化論でもあったからである。

正倉院御物《ぎょぶつ》と並ぶこの国の宝といえば、八代室町将軍義政の集めたコレクション東山御物があるが、それは正倉院御物以上に舶来の名品によって満たされたコレクションであった。というよりも、そこに日本製のものなど何もなかった。ところが、それこそ今日に続く日本文化の源流であると、我われは教え込まれてきたのである。その我われの血肉にまでなった日本文化論を、和辻はふたたび想い出させてくれただけであった。だから和辻の考え方は、決してご都合主義的なものなどではなかったのである。

ちなみに古寺巡礼の二番目の訪問地として浄瑠璃寺を訪れたとき、彼を襲った奇妙な体験について、和辻は次のように述べている。

この山村の麦畑の間に立って、寺の小さい門や白い壁やその上からのぞいている松の木などの野趣に充ちた風情《ふぜい》を眺めた時に、僕はそれを前にも見たという気がしてならなかった。門をはいって最初に目についたのは、本堂と塔との間にある寂しい池の、水の色と葦《あし》の若芽の色とであったが、その奇妙に澄んだ、濃い、冷たい色の調子も(それが今初めて気づいた珍らしいものであったにも拘《かか》わらず)、初めてだという気がしなかった。背後に山を負うていかにもしっくりとこの庭にハマっている優美な形の本堂さえも、——また庭の隅の小高いところに朽ちかかったような色をして立っている小さい三重の塔さえも、僕には初めてでなかった。

（『古寺巡礼』）

そしてその想念は「そんな馬鹿な事がある筈はない」、あるいは「もし前世の記憶というものが、――いや、今はそういう問題に触れまい。触れるのは恐ろしい」（『古寺巡礼』）と、打ち消そうとして容易に打ち消せなかったことを告白している。

これが、和辻が、人には、一人ひとりの主観を超えたところに生まれる、「風土」に由来する観念の内在することに気づいた最初であった。この気づきから彼は、哲学的思考を重ね、風土論にたどり着いたのである。さしずめ『古寺巡礼』は、その気づきの事例集といったところか。

かの和辻哲郎の風土論の生まれた場所もまた、南山城（けいはんな）だったのである。

[写真所蔵先・提供]

p.21　ユンタンザミュージアム
p.44　東大寺
p.66（右）堺市博物館
p.73　宇治田原町
p.81　茨城県天心記念五浦美術館
p.83　茨城県天心記念五浦美術館

けいはんな万博2025記念

新・けいはんな風土記

2025年4月6日　第1版 第1刷発行

編　者　小路田 泰直
発行者　柳町 敬直
発行所　株式会社 敬文舎
〒160-0023　東京都新宿区西新宿 3-3-23
ファミール西新宿 405号
電話　03-6302-0699（編集・販売）
URL　http://k-bun.co.jp
印刷・製本　中央精版印刷株式会社

Printed in Japan ISBN978-4-911104-09-5